Língua materna e língua estrangeira na escola

O exemplo da *bivalência*

ORGANIZADORES

Ceres Prado
José Carlos Cunha

Língua materna e língua estrangeira na escola

O exemplo da *bivalência*

1ª edição
1ª reimpressão

autêntica

Capa:
Jairo Alvarenga Fonseca
(Sobre imagem da escultura *Sierra Leone*, Sapi-portuguese.
Museu Nazionale Preistorico e Etnografico, Roma)

Editoração eletrônica:
Waldênia Alvarenga Santos Ataíde

Revisão:
Rosemara Dias Santos

Prado, Ceres
P896l Língua materna e língua estrangeira na escola – o exemplo da *Bivalência* / organizado por Ceres Prado e José Carlos Cunha. – 1. reimp. – Belo Horizonte: Autêntica/CEALE/FaE/UFMG, 2008.

172p – (Coleção Linguagem e educação, 9)

ISBN 978-85-7526-084-5

1. Educação. 2. Língua materna - estudo e ensino. 3. Língua estrangeira - estudo e ensino. I. Cunha, José Carlos. II. Título. III. Série.

CDU- 37
81'242
81'243

2008

AUTÊNTICA EDITORA

Rua Aimorés, 981, 8° andar Floresta – 30140-071 – Belo Horizonte/MG
PABX: (55 31) 3222-6819 - Televendas: 0800 2831322
www.autenticaeditora.com.br
autentica@autenticaeditora.com.br

Agradecemos o apoio da Embaixada da França no Brasil e do Prof. Márcio Venício Barbosa, presidente da Federação Brasileira de Professores de Francês-FBPF.

Sumário

PREFÁCIO 9
Magda Becker Soars

APRESENTAÇÃO 13
Jean-Louis Chiss

HISTÓRICO E REALIDADES ATUAIS DA *BIVALÊNCIA* 17
Martine Cerdan

LÍNGUAS DISTINTAS E LINGUAGEM MÚTUA 33
Patrick Dahlet

METALINGUAGEM E DIDÁTICA INTEGRADA DAS LÍNGUAS NO SISTEMA ESCOLAR BRASILEIRO 55
José Carlos Chaves da Cunha

A ALTERNÂNCIA ENTRE A LÍNGUA MATERNA E A LÍNGUA ESTRANGEIRA NO CONTEXTO EDUCACIONAL BRASILEIRO 71
Aglaé Terezinha Ribas Auada
Maria Ruth Scalise Fonseca

UMA DIDÁTICA DA ALTERNÂNCIA PARA APRENDER MELHOR? 89
Danièle Moore

PRÁTICAS PEDAGÓGICAS INTEGRADAS DE LÍNGUAS E A ABORDAGEM DA GRAMÁTICA 101
Rosa Maria de Oliveira Graça
Zélia Anita Viviani

REFLEXÕES SOBRE A PROGRESSÃO NO ÂMBITO DO *PROJETO BIVALÊNCIA* 115
Ceres Leite Prado
Militza Bakich Putziger
Ana Maria Lucena Vianna Santos

PISTAS DE TRABALHO PARA UMA COMPARAÇÃO DOS DISCURSOS EM PORTUGUÊS DO BRASIL E EM FRANCÊS 131
Jean-Luc Orsoni

O *PROJETO BIVALÊNCIA*: DIDÁTICA INTEGRADA DO PORTUGUÊS LÍNGUA MATERNA E DO FRANCÊS LÍNGUA ESTRANGEIRA (1996) 145

BIBLIOGRAFIA GERAL 157

PREFÁCIO

Questiona-se muito, atualmente, na área da educação e do ensino, a convencional e artificial divisão do conhecimento em compartimentos estanques – os conteúdos curriculares, divisão que se traduz em um elenco de disciplinas tradicionalmente consideradas como auto-suficientes e independentes umas das outras. O reconhecimento de que essa auto-suficiência e independência, além de não se sustentarem do ponto de vista epistemológico e também do ponto de vista pedagógico, trouxe a tendência, hoje muito presente na área da educação, à tentativas de integração entre conteúdos – vivemos tempos de interdisciplinaridade, de transdisciplinaridade, de temas transversais, de projetos pedagógicos.

A proposta que se apresenta neste livro filia-se a esta tendência, pois indica as possibilidades de integração entre dois conteúdos curriculares – o português, língua materna, e o francês, língua estrangeira, mas apresenta essa possível integração de uma forma inteiramente original e inovadora. Em primeiro lugar, porque o que aqui se propõe não é propriamente uma interdisciplinaridade – uma relação *entre* a disciplina português, língua materna, e a disciplina francês, língua estrangeira (*inter-*, entre), e também não é uma transdisciplinaridade – uma relação que ultrapasse os limites de cada disciplina (*trans-*, para além de); o que aqui se propõe é uma *bivalência* – pois não é este o nome do projeto? *Valência*, dizem os dicionários, termo da área da química, designa a tendência de combinação dos elementos que expressa sua capacidade de ligação com o hidrogêneo; o prefixo *"bi-"* acrescenta à palavra o sentido de duplicidade: valência dupla, dúplice. O projeto de integração do português, língua materna, e do francês, língua estrangeira, denominado *Projeto Bivalência*, tomando a *bivalência* química como metáfora, propõe não apenas uma aproximação entre disciplinas, freqüentemente produzida artificialmente, em propostas de inter- ou transdisciplinaridade mas, uma verdadeira combinação, uma *valência*, e uma incorporação mútua, dúplice, uma *bivalência*.

Além disso, um segundo aspecto traz originalidade ao projeto que neste livro se apresenta, e o torna inovador: é que o que se sugere combinar ou incorporar não são propriamente os conteúdos das duas disciplinas, como em geral ocorre em propostas inter- ou transdisciplinares, mas as duas didáticas, a da língua materna e a da língua estrangeira, as práticas de ensino de uma e outra – propõe-se uma combinação metodológica, uma incorporação de didáticas, e não uma mera aproximação ou cruzamento de conteúdos. Esta combinação do ensino e aprendizagem de duas línguas – a materna e a estrangeira –, essa incorporação de práticas metodológicas permitem caminhar em direção a objetivos extremamente relevantes, mas, freqüentemente, desconsiderados do ensino de uma língua e outra. Em primeiro lugar, permitem conduzir os alunos ao conhecimento e reconhecimento de visões de mundo diferentes, que se revelam em línguas diferentes: a *bivalência* permite que se *desnaturalize* a visão de mundo que a língua materna de certa forma impõe, por meio de sua ora oposição ora justaposição a uma outra visão de mundo que a língua estrangeira revela, ao mesmo tempo que permite conhecer esta outra visão de mundo que se revela subjacente à língua estrangeira. Em segundo lugar, a *bivalência* é terreno fértil para o desenvolvimento de habilidades de reflexão metalingüística, para o despertar da sensibilidade lingüística, para a tomada de consciência da natureza e das características, tanto da língua materna quanto da língua estrangeira: a descoberta de semelhanças e diferenças entre as duas línguas pode conduzir àquilo que os antropólogos chamam de *estranhamento* – cria um certo distanciamento que resulta na possibilidade de uma atitude analítica em relação a este comportamento tão envolvente que dele, dificilmente, nos damos conta: o uso da língua nos processos de interação.

A proposta original e inovadora que este livro oferece é, assim, uma contribuição extremamente significativa para o ensino e a aprendizagem tanto do francês, língua estrangeira, quanto do português, língua materna; contribuição tanto teórica, porque são aqui claramente explicitados os pressupostos daquilo que se propõe quanto à prática porque são sugeridos procedimentos metodológicos e relatos de atividades de sala de aula que concretizam esses fundamentos. Muito terão a lucrar com a leitura deste livro, professores de português, língua materna, e professores de francês ou de outras línguas estrangeiras, às quais também se aplica plenamente o que aqui se apresenta e se propõe.

Magda Soares

APRESENTAÇÃO

A *Bivalência* na Didática das Línguas

Parece-me importante, em primeiro lugar, expressar minha satisfação em ver este trabalho editado na França e no Brasil. Está no próprio espírito do projeto desenvolvido em comum a realização da dupla publicação e, portanto, sua difusão nos dois espaços em que ele acontece.

No momento em que se desenvolve no Brasil uma "cultura da renovação" no campo da língua materna, que coincide com a busca, em vários países – inclusive a França –, de caminhos para uma ampliação metodológica do "francês língua estrangeira" e de uma abertura multilíngüe e multicultural, a *Bivalência* pode constituir uma fonte de experiências e a ocasião para novas interrogações teóricas.

Trata-se menos, aqui, de destacar o papel desempenhado por cada um dos participantes na elaboração de um projeto científico-institucional que de mostrar, de modo demasiadamente alusivo, as características de uma realização coletiva franco-brasileira que supõe, com uma gama de interesses de conhecimento (refletido na bibliografia geral e na carta do *Projeto Bivalência*, reproduzida em anexo), as contribuições específicas dos educadores-pesquisadores. Se, como é legítimo, o histórico da *Bivalência* é objeto de abordagens diversificadas com temporalidades diversas desde 1992, se acontece de os diagnósticos e as perspectivas não estarem sempre de acordo, ainda assim a unidade se constrói em torno de uma preocupação fundamental, que está relacionada com uma das grandes orientações atuais da didática das línguas: o contato, a aproximação ou até mesmo a "integração" entre as orientações metodológicas e as práticas de ensino das línguas maternas e das línguas estrangeiras.

É claro que a didática das línguas em relação nos contextos escolares é, por definição, dependente das culturas lingüísticas, pedagógicas e educativas das situações examinadas, e a experiência da *Bivalência* (ou didática integrada do português língua materna e do francês língua estrangeira) não escapa a esses parâmetros conceituais e institucionais, conforme o atestam vários dos artigos aqui reunidos (como os de M. Cerdan e P. Dahlet, por exemplo). Esse ponto evidentemente essencial deve, a um só tempo, premunir contra as ilusões de transferência metodológica unidirecional entre duas matérias escolares sob todas as formas não equivalentes: as "contribuições" do FLE ao PLM; ele designa também a importância incontornável da cultura escolar da língua materna e sua influência sobre as didáticas escolares das línguas estrangeiras: nesse sentido, as virtudes de "exemplaridade" do *Projeto Bivalência* no Brasil deveriam ser meditadas em outros contextos – inclusive na França. E isso sobretudo porque a comparação entre os processos de constituição das duas línguas nacionais poderia revelar-se heurística, chegando a sociedades dominadas por um monolingüismo oficial, mas trabalhadas por heterogeneidades lingüísticas.

Nessa abundância possível de "entradas", cabia à lógica do empreendimento privilegiar as problemáticas da alternância das línguas tanto no concreto das salas de aula como na construção das representações (A. Ribas e R. M. Taques Fonseca, D. Moore). É também porque elas constituem questões tipicamente didáticas que mantivemos as reflexões em torno da metalinguagem (J. C. Chaves da Cunha) ou da progressão (C. Prado, M. Bakich Putziger, A. M. Vianna Santos). Enfim, na impossibilidade de abordar o conjunto das subdisciplinas presentes no ensino-aprendizagem do PLM e do FLE, pareceu-nos judicioso escolher o tratamento da gramática (R. M. de Oliveira Graça e Z. Viviani) e a comparação dos discursos realizados nas duas línguas (J.-L. Orsoni).

Manifestamente, o presente volume constitui apenas uma vitrine ou, se preferirmos, uma amostra significativa de um trabalho de vários anos cuja origem, realizações, dificuldades e sucessos são prontamente lembrados. Tal como se apresenta, esta publicação deveria concorrer a uma interrogação renovada sobre os benefícios recíprocos da visada "integrativa" para a língua materna e a língua estrangeira. Essa perspectiva, por mais específica que seja, ganha também seu caráter heurístico de não ser incomensurável com as outras direções de pesquisa em didática das línguas (contatos entre línguas vizinhas, educação bilíngüe, "Language awareness", etc.) e de contribuir, ao contrário, para uma troca científica fecunda. Essa dialética entre afirmação da especificidade de um eixo de pesquisa e insistência nas aproximações possíveis com outros projetos constitui em si um problema de epistemologia da didática das línguas.

É que cada elaboração intelectual no seio da disciplina se encontra confrontada com questões recorrentes que aqui se reapresentam: o que é feito das relações entre uma atividade reflexiva do tipo metalingüístico e uma visada comunicacional, pragmática? Como as "representações" das línguas em presença influenciam as conceitualizações lingüísticas e as práticas linguageiras? Desse ponto de vista, a proximidade tipológica das duas línguas (línguas "vizinhas") não tem como efeito a indução a um apagamento da alteridade (por exemplo, as particularidades fonéticas do francês no seio das línguas românicas)? Como reavaliar a problematização da alternância L1/L2 na aula de língua? Em que o conceito de *progressão* permanece incontornável para a construção do ensinável? O que esperar de uma retórica contrastiva para pensar na multiplicidade das ligações entre língua e cultura?

Se não se pode nunca prejulgar o enraizamento de uma pesquisa ou da permanência de suas traduções em campo, as condições estão, entretanto, reunidas, com a constituição de uma estrutura sólida, para o prosseguimento do trabalho iniciado. De qualquer forma, pareceu-nos mais que oportuno pôr à disposição dos especialistas da disciplina e dos educadores e estudantes os elementos de uma elaboração intelectual marcada pelo ir e vir entre a França e o Brasil, sustentada por uma multiplicidade de instituições nos dois países e, sobretudo, enriquecida pelas amizades estabelecidas no âmago dos intercâmbios em Salvador e em Paris.

Jean-Louis Chiss
Université Paris III – Sorbonne Nouvelle, França

(Tradução de José Carlos Cunha)

HISTÓRICO E REALIDADES ATUAIS DA *BIVALÊNCIA*

Martine Cerdan
BCLE de Salvador, Brasil

Gênese de um projeto

A *Bivalência* nasceu no Brasil em 1994, como resposta a uma dupla preocupação do Conselho Nacional dos Secretários da Educação (CONSED), de uma parte, e dos *Bureaux de Coopération Linguistique et Educative* (BCLE) da Embaixada da França, de outra parte: as dificuldades encontradas no ensino do PLM (português língua materna) e a constatação do recuo do ensino do FLE (francês língua estrangeira) no sistema educativo brasileiro. De fato, o termo apareceu em 1993, durante um encontro de especialistas em Brasília, constituindo ali as primícias de um projeto efetivado no ano seguinte.

Entretanto, a *Bivalência* tem sua origem extraída de acordos anteriores de cooperação bilateral concebidos e propostos, desde o início dos anos 90, às autoridades educativas de vários municípios e estados e que visavam uma renovação do ensino das duas línguas através de métodos surgidos como inovadores no Brasil. Estes acordos reunidos sob a etiqueta *Formação Integrada das Línguas* (FIL) baseavam-se no treinamento para a prática de uma metodologia centrada no trabalho em grupo e na autonomia dos alunos, tornando mais eficaz o ensino/aprendizagem do PLM e do FLE.

Já naquela época, um grande número de professores de PLM, que poderiam ser qualificados como *bivalentes*, uma vez que eram titulares de uma dupla licenciatura, português/francês, e tinham uma experiência de ensino das duas línguas, recorriam a práticas utilizadas em FLE e por eles consideradas eficazes e mais motivantes para os alunos. Paralelamente, equipes universitárias brasileiras – em Belém, Santos e Porto Alegre notadamente – desenvolviam isoladamente programas de pesquisa-ação voltados para as possíveis formas de aproximação do ensino/aprendizagem do PLM e do FLE no sistema escolar. No contexto do Brasil, caracterizado por situações de ensino bastante heterogêneas de acordo com os Estados e as regiões, estas pesquisas centravam-se no aluno, na formação do professor, nos conteúdos programáticos ou, ainda, na metodologia a aplicar.

Não seria, pois, inválido afirmar que é a convergência de interesses diversos, mesmo políticos, da parte das instituições, mas também pedagógicos da parte de professores imbuídos de um espírito renovador, até mesmo inovador, que permitiu a colocação da primeira pedra do *Projeto Bivalência*.

Filosofia da *Bivalência*

Desde cedo, a *Bivalência* suscitou controvérsias alimentadas pelas diferentes interpretações de um conceito, à época, mal definido. A raridade dos escritos sobre a matéria não permitia sequer levantar o véu que envolvia um projeto julgado por alguns como nebuloso e cujo nome mesmo prestava-se a confusões.

No entendimento de um francês, a *Bivalência* ter-se-ia limitado ao ensino de duas disciplinas pelo mesmo professor, ensino para o qual este último teria recebido uma dupla formação. No Brasil, o exame das ações e experiências realizadas mostra que ela ultrapassa a simples concomitância de dois ensinos e acentua uma coordenação dos conteúdos programáticos e, sobretudo, das transferências de práticas pedagógicas, até mesmo de toda uma metodologia, levando os alunos a operar, eles mesmos, as transferências de saberes, teóricos e práticos, adquiridos no aprendizado simultâneo do PLM e do FLE. Trata-se, na realidade, de um ensino/aprendizagem com duplo sentido, baseado na aproximação e na interação das duas línguas.

Todo esse mecanismo corresponde aos objetivos perseguidos e claramente expressos: uma eficácia acrescida do ensino da língua materna e da língua estrangeira, uma renovação das metodologias e, em conseqüência, uma melhoria do nível dos alunos nas duas línguas.

O idealismo que anima a *Bivalência*, desde o seu início, não tem nada de novo. As idéias que o suportam remetem à obra de Eddy Roulet que, já em 1980, visava uma pedagogia integrada das línguas materna e estrangeira e preconizava, para tanto, a retirada da divisão dos ensinos e a colaboração das equipes com o objetivo de ajudar os alunos a "apreender o funcionamento profundo da linguagem e das línguas, a fim de facilitar a compreensão e a aquisição da língua 1 [materna] e da língua 2 [estrangeira]". É necessário lembrar aqui que, no caso preciso do português e do francês, os benefícios recíprocos são tão mais fáceis de obter porquanto estamos em presença de duas línguas aparentadas, saídas ambas do latim, e de duas culturas relativamente próximas.

Essa integração é, certamente, um objetivo ambicioso que se situa, aliás, numa linhagem de pesquisas francesas na área da didática do francês-língua materna. Entretanto, não altera de forma alguma a filosofia de um conceito brasileiro integral permitindo, ao mesmo tempo, fixar a reflexão sobre teorias aprovadas. A originalidade da experiência brasileira consiste em desenvolver, paralela e conjuntamente, duas ações complementares:

– a formação e o acompanhamento pedagógico das equipes *bivalentes* de professores engajados no projeto;
– o trabalho de pesquisa de um grupo de professores universitários, cuja reflexão é ininterruptamente alimentada

pelas experiências realizadas em campo e o material pedagógico produzido pelas mesmas equipes *bivalentes*.

Histórico

Este capítulo pretende retraçar a trajetória do *Projeto Bivalência* a partir de setembro de 1996 – data em que assumi minhas funções no Brasil como adida lingüística, responsável pelo BCLE de Salvador e coordenadora nacional do projeto, além de me ter sido atribuída a elaboração de uma avaliação deste último.

Seria difícil compor um quadro completo das realizações anteriores em razão da falta de informações e da escassez de relatórios ou de sínteses, com exceção dos relatórios de missões dos docentes franceses convidados a participar dos seminários da *Bivalência* ou consultados quando de sua passagem por Salvador dentro de qualquer outro contexto. Entretanto, pelo desejo de transparência e a fim de facilitar a compreensão, convém assinalar que várias sessões de formação se sucederam entre 1994 e 1996. Nesse período, registramos os dois estágios na *Ecole Normale Supérieure de Saint-Cloud* (ENS), organizados pelo CREDIF para dois grupos de 15 professores-formadores brasileiros originários dos Estados envolvidos no projeto e que seriam responsáveis por sessões de formação e de aperfeiçoamento.

Estruturação do projeto

A *Bivalência* encetou um novo rumo com a vinda a Salvador de Jean-Louis Chiss, professor na ENS, para dirigir, em outubro de 1996, um seminário sobre as estratégias da leitura e a gramática textual. Com efeito, este encontro de professores, vindos de vários estados, permitiu igualmente recolher um grande número de relatos de experiências, fazer um balanço sobre o projeto e esclarecer o conceito da *Bivalência* renomeada, desde então, "didática integrada do português língua materna e do francês língua estrangeira". Esta nova denominação, bem mais longa, jamais logrou, entretanto, suplantar o termo amplamente adotado de *Bivalência*.

A segunda etapa importante nessa fase de estruturação foi a reunião, em março de 1997, de 14 professores universitários de nove dos 12 estados envolvidos, e escolhidos entre os participantes dos estágios do CREDIF. Ao encerrar-se esse encontro, estava criada a "Comissão Nacional de Reflexão e de Coordenação" com a dupla missão de, simultaneamente, impulsionar e informar. Ao final dos trabalhos, apresentava a redação de um documento (para o qual J. L. Chiss contribuiu enormemente), o primeiro desde a criação do projeto, uma espécie de "carta", fixando os princípios diretores da *Bivalência*, traçando linhas de ações e descrevendo a estrutura a ser implantada, assim como as modalidades de funcionamento.

Essa estrutura apóia-se na constituição de equipes pedagógicas *bivalentes*[1] e uma rede de professores-formadores encarregados de assegurar o acompanhamento das equipes por meio de reuniões periódicas destinadas a facilitar a construção de itinerários pedagógicos *bivalentes* e a ajudar os professores na produção de material pedagógico correspondente. Na maior parte dos estados, esses formadores são também membros da Comissão Nacional. Nos estados onde o projeto se encontrava melhor implantado, as primeiras equipes começaram a funcionar prontamente; nos restantes, os professores universitários se dedicaram a impulsionar novas dinâmicas a fim de experimentar a *Bivalência* em novas salas de aula.

Quando da segunda sessão da Comissão Nacional, em setembro do mesmo ano, um novo objetivo tinha sido atingido: as equipes formadas demonstravam sua capacidade em

[1] Considerando a experiência anterior, o termo teve que ser explicitado. Desde então, as equipes *bivalentes* seriam imperativamente compostas de pelo menos um professor de PLM e um professor de FLE exercendo, ponto fundamental, suas funções num mesmo estabelecimento e junto aos mesmos alunos.

produzir material pedagógico reutilizável por seus colegas, dossiês capazes de prover a falta de manuais e/ou substituir um material obsoleto. Ou seja, este material deveria estimular as outras equipes e também aquelas em fase de constituição. Os dossiês, analisados pela Comissão Nacional e selecionados visando a uma ampla difusão, foram enriquecidos com fichas metodológicas a fim de facilitar sua utilização por outros professores.

As dificuldades encontradas nos diferentes estados levaram a Comissão Nacional a determinar cinco temas de reflexão que orientariam os trabalhos de pesquisa para os três anos seguintes:

- a escolha dos suportes pedagógicos na progressão;
- a pedagogia da oralidade;
- as interações entre língua materna e língua estrangeira;
- o tratamento da gramática em aula de língua;
- o tratamento dos textos literários numa perspectiva comunicativa.

A seleção desses temas revela que, para além da integração da didática das línguas materna e estrangeira, existe uma preocupação de renovação das técnicas e das práticas pedagógicas.

Trabalhos de pesquisa

Os cinco temas supracitados foram distribuídos entre os membros da Comissão Nacional que os trabalharam em duplas. Três dentre eles – o tratamento da gramática, a escolha dos suportes e as interações entre língua materna e língua estrangeira – foram objeto de comunicações e ateliês quando do XIII Congresso Brasileiro dos Professores de Francês, organizado em Salvador, em agosto de 1998, em complemento às duas conferências sobre a problemática da integração[2].

---

[2] Ver as Atas do Congresso: *Didática das línguas maternas e das línguas estrangeiras: qual integração?*, por Jean-Louis Chiss e *Relação da aprendizagem do PLM e do FLE*, por José Carlos Chaves da Cunha.

A cada ano, entre 1997 e 1999, uma equipe de pesquisadores viajou à França com o apoio da Embaixada da França. Durante a estada naquele país, eles puderam alimentar a sua reflexão, participando de seminários, visitando salas de aula (língua materna e línguas estrangeiras: português, espanhol e FLE) em estabelecimentos escolares parisienses e realizando intercâmbios consecutivos com seus professores.

Foi em agosto de 1998, quando da terceira reunião da Comissão Nacional, em seguida ao encerramento do Congresso de Salvador, que surgiu a idéia da presente coletânea como relato de uma experiência original. Esse novo objetivo, tal como a redação coletiva do texto original no ano anterior, conferiu ao grupo toda a sua coesão, consolidou o espírito de equipe e insuflou um novo dinamismo. A partir da sessão seguinte, em outubro do mesmo ano, a reflexão havia avançado, colocando em evidência um eixo central e uma necessidade absoluta: a de aprofundar a problemática da progressão que induzirá forçosamente um olhar sobre os programas e seus conteúdos.

A única reunião realizada em 1999 serviu para elaborar um balanço das realizações que serviram de fermento a esta obra escrita a várias mãos, resultado de três anos de labor e de reflexão comum, que, apesar das distâncias, nunca sofreu quaisquer afrouxamentos. Com esta primeira etapa percorrida, foram definidos novos objetivos que deveriam se materializar numa nova produção coletiva considerada como uma sucessão lógica das pesquisas em didática.

Formação dos professores

Os trabalhos de pesquisa visando à integração das didáticas e à renovação das práticas pedagógicas jamais ocultaram esta atividade que, ao contrário, apareceu como um elemento complementar e essencial do projeto. Para além das reuniões semanais (preparação de cursos, produção de material) e das reuniões mensais (harmonização dos métodos, intercâmbios entre as diferentes equipes regionais), foram organizados seminários de formação que, ao ritmo de dois por ano, deram lugar a encontros inter-regionais propícios aos intercâmbios e à criatividade dos professores. Os temas desses seminários, dirigidos por especialistas franceses convidados pelo BCLE de Salvador, estavam estreitamente ligados às orientações fixadas pela Comissão Nacional, como a abordagem da leitura, a gramática textual, a utilização da imagem em aula de língua, a oralidade e a comunicação, as relações entre língua materna e língua estrangeira na construção das aprendizagens e a gestão da aula.

Carta da *Bivalência*

A primeira carta da *Bivalência* foi estabelecida após a estruturação do projeto, mais precisamente ao término da segunda reunião da Comissão Nacional, em setembro de 1997. Permitia recensear os nove estados onde o projeto havia se desenvolvido e dos quais sete[3] apenas tinham, entretanto, respondido ao convite do BCLE, em novembro de 1996. Na mesma época, três estados[4] manifestaram a sua vontade de integrar o grupo. Desde a minha chegada ao BCLE de Salvador, a *Bivalência* estava presente numa grande parte do vasto território brasileiro, a saber 12 estados: na Região Norte, os estados do Pará e do Amazonas; no Nordeste, Rio Grande do Norte, Alagoas, Sergipe e Bahia; no Sudeste, Rio de Janeiro, Minas Gerais e São Paulo; no Sul, enfim, os estados de Santa Catarina, Rio Grande do Sul e Paraná.

O propósito, então, não era demonstrar uma generalização do projeto no conjunto do país. Ao contrário, nessa fase de estruturação, teria sido preferível consolidar as equipes existentes e limitar as experiências a alguns projetos-piloto. E, efetivamente, em cada estado, uma ou mesmo duas cidades estavam envolvidas; com maior freqüência, um ou vários

---

[3] Os estados do Pará e Amazonas aderiram ao projeto em 1998.

[4] Estes três estados são: Alagoas, Sergipe e Minas Gerais.

estabelecimentos de ensino, e, portanto, alguns professores *bivalentes*. Em todos os projetos, entretanto, a participação da universidade era manifesta. O que quer dizer que os resultados aferidos não deveriam ser avaliados em termos de quantidade (de escolas, colégios, professores ou alunos), mas antes sobre bases de qualidade e de eficácia. Seria conveniente, pois, julgar as realizações efetivas com o intuito de mostrar a viabilidade do projeto e a sua pertinência.

Segundo os estados e em função dos recursos humanos locais, os esforços voltaram-se para a formação contínua e o acompanhamento pedagógico das equipes *bivalentes* ou para a pesquisa universitária e a introdução da problemática da *Bivalência* na formação inicial, no seio dos departamentos de metodologia ou de ciências da educação. Em certos casos – como no Paraná, no Rio Grande do Norte, em Santa Catarina e no Rio de Janeiro –, o trabalho operou-se nas duas frentes. Como era previsível, é nos estados onde a intervenção nos dois níveis foi possível que o projeto parece hoje funcionar melhor. Essa implantação depende igualmente do grau de investimento das autoridades educativas, do estado ou do município, sem esquecer a forte motivação e o dinamismo sempre renovado dos membros da Comissão Nacional em seus respectivos estados.

Realizações em campo escolar

Uma das faces importantes do projeto *Bivalência*, e não é demais repeti-la, é a da formação simultânea dos professores de português e de francês. Os diferentes seminários[5] organizados favoreceram ao mesmo tempo o aprofundamento

---

[5] *Compréhension de l'écrit et préparation de séquences d'écriture* (M. Marquilló, novembro de 1995); *Lecture et grammaire textuelle* (J.-L. CHISS, outubro de 1996); *Rôle de l'utilisation de l'image dans l'enseignement* (T. LANCIEN e F. LAMBERT, abril de 1997); *De l'écrit à l'oral* (M. THOMAS, setembro de 1997); *Relations entre LM et LE dans les apprentissages* (D. MOORE, abril de 1998); *Utilisation de l'image: activités communicatives* (abril de 1999); *Langues étrangères, langue première et communication* (V. CASTELLOTTI, outubro de 1999).

teórico e a conscientização da necessidade de uma mudança de atitude visando à adoção de métodos comunicativos. As pesquisas realizadas junto aos professores concernidos chamam a atenção para as conseqüências positivas: recurso a uma metodologia melhor adaptada às necessidades, definição mais clara dos diferentes objetivos (lingüísticos, culturais e cognitivos) do curso de língua, preparação cuidadosa dos cursos, descoberta de práticas inovadoras. Os testemunhos são unânimes e sublinham a eficácia aumentada do ensino dispensado e suas repercussões sobre a motivação dos alunos que viram as suas competências orais e escritas melhoradas nas duas disciplinas. As avaliações às quais procedeu o Liceu Pasteur de São Paulo, associado ao projeto, revelam enormes progressos realizados em leitura e em expressão oral e escrita. De maneira geral, os professores sentiram-se dinamizados, apelando para a própria criatividade a fim de diversificar práticas e suportes pedagógicos.

Os seminários encontraram o seu complemento nas reuniões periódicas de acompanhamento – semanais para a preparação dos cursos, mensais com vistas à coordenação do trabalho das equipes –, sempre ricas em intercâmbios propícios a uma reflexão aprofundada e ao olhar crítico de cada um sobre suas próprias práticas. Essas reuniões permitiram romper o isolamento do professor confinado em sua sala de aula. Por outro lado, fizeram surgir o conceito de equipe pedagógica bi/interdisciplinar e colocaram em evidência os recursos oferecidos pelo trabalho em interdisciplinaridade. Os alunos, por sua vez, perceberam, graças à queda das barreiras, o interesse da aprendizagem das diferentes disciplinas que lhes são impostas no *cursus* escolar.

O material pedagógico produzido pelas equipes, amplamente difundido junto aos colegas, constitui um viveiro onde cada um pode abastecer-se, na hora certa e em função de seus objetivos. Esses dossiês, compostos de documentos acompanhados das fichas metodológicas correspondentes, que facilitam a sua utilização, longe de serem fixos, servem sim para despertar e renovar a criatividade dos novos usuários.

Inserção nas universidades brasileiras

A maior parte dos membros da Comissão Nacional são professores universitários que intervêm na formação inicial dos futuros professores de francês ou de língua materna. Nos seus respectivos departamentos de Letras ou de Línguas Estrangeiras – na UFRGS (Porto Alegre, Rio Grande do Sul), na UFRJ (Rio de Janeiro, RJ) – ou ainda nas Faculdades de Educação – na UFSC (Florianópolis, Santa Catarina), na UEM (Maringá, Paraná), na UFMG (Belo Horizonte, Minas Gerais), na UFRN (Natal, Rio Grande do Norte) –, eles modulam a reflexão dos estudantes e provocam debates sobre a problemática da *Bivalência*: análise dos processos de aquisição/aprendizagem dos conhecimentos, interações e articulação entre língua materna e língua estrangeira, transferências e competências, aproximação das metodologias etc, a partir de textos científicos e/ou de documentos pedagógicos produzidos pelas equipes *bivalentes*. Esse procedimento visa a preparar, desde a formação inicial, para as relações metodológicas integradas inteiramente inovantes no Brasil.

Em certas universidades – UFRJ no Rio de Janeiro, UFRN em Natal e UFPA em Belém (Pará) –, esta reflexão permitiu introduzir uma linha de pesquisa e conduziu à elaboração de várias monografias de especialização (*maîtrise*) e dissertações de mestrado (*DEA*)[6]. Por outro lado, a dupla licenciatura conferida em parceria pela UFPA e a UAG (Université des Antilles

---

[6] Monografias de especialização:

- FREIRE DAMASCENO, C. *Reflexões sobre o uso de documentos televisivos*, 1998. Natal: UFRN/Núcleo de Estudos e pesquisas em educação e comunicação/Ensino e Linguagem: didática de língua materna e estrangeira (FLE).
- CARVALHO BEZERRA, M-A. *O jornal em aula de línguas: para construir o cidadão*, 1998. Natal: UFRN/Núcleo de estudos e pesquisas em educação e comunicação/Ensino e linguagem.

Dissertações de mestrado:

- DA SILVA MENDONÇA, C.A. *"Bivalência" simples e o ensino/aprendizagem da leitura em francês língua estrangeira: um estudo de caso*, 1998. Rio de Janeiro: UFRJ.

et de la Guyane), as quais concedem grande vantagem a disciplinas que possuem uma relação direta com a temática da *Bivalência*, permite prever a integração de novos adeptos e pesquisadores neste campo da didática integrada.

Em todos os estados onde a *Bivalência* foi desenvolvida, a universidade tem-se mostrado empenhada na formação contínua dos professores. Para citar apenas alguns exemplos, pode-se mencionar a UFSC, em Florianópolis, e a UFRGS, em Porto Alegre, que incluíram a *Bivalência* em um projeto mais amplo de formação pedagógica destinado aos professores em exercício.

Repercussões em nível institucional

Em certos casos, a institucionalização do projeto tornou-se efetiva. Ela se revela, entretanto, sempre necessária à perenidade e à viabilidade das ações empreendidas. Com efeito, o incentivo do BCLE e da Embaixada é insuficiente; é conveniente, em qualquer caso, obter o apoio das Secretarias de Educação, municipais ou estaduais, de acordo com as situações. A assinatura de acordos com as autoridades educativas locais permitiu a realização de seminários, seu financiamento, algumas vezes – a exemplo do que ocorreu em Salvador ou Maceió –, o deslocamento e a liberação dos professores a fim de participarem das sessões de formação e das reuniões de coordenação.

Em Porto Alegre, o reconhecimento da *Bivalência* confirmou-se recentemente pela constituição de uma equipe pedagógica *bivalente* servindo de referência no âmbito da extensão do projeto na rede municipal.

- FREIRE DAMASCENO, C. *Televisão e ensino de línguas: reflexões teóricas e metodológicas* (em curso). Natal: UFRN.
- DE FREITAS FRANÇA, J. *Propostas curriculares de PLM e de língua estrangeira: para uma didática integrada do PLM e do FLE* (em curso). Natal: UFRN.
- DANTAS BOUTH, G. *Pour un raprochement méthodologique du PLM et du FLE dans le système scolaire* (em curso). Belém: UFPA.

Se, num primeiro momento, os diretores de escolas e colégios, sensibilizados, aceitaram abrir novas classes de francês ou reintroduzir o seu ensino em diversos estabelecimentos (Salvador e Itabuna, na Bahia, e Porto Alegre, no Rio Grande do Sul), esse processo encontra-se hoje contido por circunstâncias especiais, notadamente a progressão da demanda do espanhol, outra língua do Mercosul. Todavia, não fazendo alusão à extensão, as experiências desenvolvidas e os resultados positivos obtidos garantiram a permanência da língua francesa ao lado de outras línguas estrangeiras propostas (o inglês e o espanhol).

Enfim, os membros da Comissão Nacional, representantes dos estados da Bahia e Santa Catarina, foram convidados a integrar as comissões locais de revisão dos programas e, conseqüentemente, a participar da sua elaboração.

Essas conquistas são uma garantia da credibilidade do projeto *Bivalência*, visto como um benefício para as duas partes: representantes da cooperação francesa e professores de francês em seu empenho na manutenção e expansão do FLE, por um lado, autoridades educativas brasileiras em sua vontade de melhorar o ensino do PLM, por outro lado.

Limitações do projeto

A maior dificuldade encontrada desde 1996 residiu na implantação dos seminários nacionais de formação. A redução dos créditos concedidos, associada à extensão do território brasileiro, nem sempre permitiu garantir a participação de todos os professores envolvidos no projeto.

Além disso, a extensão desse último requeriria a nomeação de um coordenador nacional em período integral e dedicado exclusivamente a esse dossiê, que exige inúmeros deslocamentos a fim de efetuar um trabalho de aproximação. A conexão realizada por um colega possuindo um conhecimento parcial da problemática e dos seus propósitos mostrase, com frequência, insuficiente.

Enfim, em alguns estados ou algumas cidades, a ausência de professores-formadores impediu que se garantisse o acompanhamento e o aconselhamento das equipes *bivalentes*, que foram, pouco a pouco, se desencorajando até se dissolverem. Todos esses fatores explicam o fato de a *Bivalência* não ter, ainda, ultrapassado o estágio de um projeto-piloto.

Perspectivas

A presente coletânea encerra a primeira fase de um projeto de cooperação bilateral entre a França e o Brasil. Entretanto, além de um simples balanço, ela pretende oferecer uma contribuição às pesquisas efetuadas na Europa, e notadamente na França, no campo da didática das línguas. Sua elaboração coletiva consolidou a coesão de um grupo de professores-pesquisadores plenamente convictos dos propósitos da "didática integrada das línguas materna e estrangeira".

A sua tradução em português levará ao conhecimento de um vasto público no Brasil uma experiência extremamente enriquecedora para todos aqueles que a vivenciaram, e que desejamos o seja igualmente para os futuros leitores, veteranos ou neófitos, no mundo do ensino. Que ela possa representar também uma resposta às críticas antigas, segundo as quais a *Bivalência* era apenas um pretexto para copiar o modelo francês.

No momento da impressão desta coletânea, novos objetivos já terão sido fixados e servirão de guia aos trabalhos de pesquisa para um novo período. À parte teórica deverá logicamente suceder-se a parte prática. Esta ganhará corpo sob a forma de um guia pedagógico a ser utilizado pelos professores de FLE e de PLM, aos quais será proposta uma coletânea de suportes de classe acompanhados das atividades e fichas de utilização correspondentes. Trata-se, dentro dessa perspectiva, de dar prosseguimento aos trabalhos, já iniciados, de reflexão sobre a progressão e produzir, daqui por diante, um material pedagógico concebido na continuidade e na articulação, levando em conta as restrições dos programas oficiais. Num primeiro momento, os membros da Comissão Nacional ficam encarregados de elaborar, em colaboração com as suas equipes *bivalentes* respectivas, uma ou várias progressões para um determinado nível de ensino. Essas propostas, analisadas, discutidas e eventualmente remanejadas, resultarão numa espécie de manual, uma coletânea, pelo menos, de sugestões pedagógicas que serão colocadas à disposição dos professores ciosos em tirar proveito das interações entre língua materna e língua estrangeira.

Essas novas orientações permitirão conservar o objetivo essencial do projeto que constitui a formação dos professores, que resultará na organização de seminários e no prosseguimento de reuniões de acompanhamento pedagógico. No intuito de sempre melhorar as práticas de sala de aula, foi igualmente evocada a realização de um vídeo, propondo atividades diversas como ponto de partida para uma reflexão sobre os problemas de didática e ferramenta de iniciação à observação de classes. Esse empreendimento representaria o motor de uma nova etapa.

Conclusão

Para terminar, enfatizo o espírito de cooperação e de união que, apesar das divergências iniciais, animou o grupo da *Bivalência* ao longo desses três anos. Além dos laços estabelecidos e reforçados entre colegas, o projeto permitiu uma abertura e um verdadeiro trabalho coletivo entre professores de ensino médio e professores universitários. Os primeiros se sentiram freqüentemente aliviados e incentivados na sua pesada tarefa de ensino. Eles participam espontaneamente das sessões de formação das quais são também os personagens. O trabalho em equipe serve-lhes de guia no caminho de uma maior autonomia na construção do curso ou no estabelecimento de uma progressão e os capacita a novas práticas e novas configurações de classe. Os professores universitários encontraram em seus colegas do ensino médio matéria para reflexão e pesquisa.

Devo acrescentar que a *Bivalência* é o único projeto que, no Brasil, reuniu regularmente professores de todo o país, que refletem sobre o ensino do francês e das línguas em geral e sobre sua integração, o que, espero, deverá garantir a continuidade deste trabalho.

LÍNGUAS DISTINTAS E LINGUAGEM MÚTUA

Patrick Dahlet
Universidade das Antilhas e da Guiana ISEF/GEREC-F

(Tradução de Maria Sabina Kundman e Paulo Massaro)

Ao encontro de um reencontro

Se, ao invés de conduzir o aprendiz a enfrentar isoladamente uma língua estrangeira que ele decifrará mais ou menos laboriosamente, uma vez que a verá apenas como um código dissociado do seu, optar-se por uma conduta dita *integrada*, isto quererá dizer, esquematicamente, que se buscará aproximar o ensino da língua materna (LM) e da língua estrangeira (LE), apelando, por um lado, para laços e relações entre os componentes das línguas a aprender e, por outro, entre esses componentes e outros parâmetros do ato de aprendizagem (sobretudo o meio plurilíngüe, metodologias de transmissão e estratégias de apropriação).

A temática dessa aproximação é recorrente na reflexão didática, especialmente naquela da didática do francês língua estrangeira (FLE), referindo-se particularmente ao trabalho exploratório de E. Roulet (1980), que interpreta, ademais, a recomendação de um simpósio europeu de 1972 como a inauguração oficial dessa preocupação:

> os professores que ensinam a língua materna e os que ensinam outras línguas vivas deveriam coordenar suas atividades e fundamentar seu ensino sobre princípios comuns. (Roulet, 1995, p. 113)

Mas recorrência não significa, no entanto, operacionalização. Se a noção de integração é hoje abundantemente invocada e explorada por todos os lados na reflexão política e sociológica sobre as condições de um arranjo comum da multiplicidade das camadas sociais e migratórias das sociedades atuais, bem como na reflexão educativa e didática sobre os saberes e as competências, tanto dos formadores como dos aprendizes, solicitados a progredir junto a – e não contra – a heterogeneidade crescente das classes (cf. Boyzon-Fradet & Chiss, 1997), isso não significa, entretanto, que o conceito de integração seja muito claro; e ele está longe de ocupar o lugar no universo de ação quotidiana das instituições que a inflação do termo poderia sugerir.

No caso da didática das línguas, o que seguramente está em questão nessa temporização é o caráter ainda deveras parcial ou demasiadamente profuso do quadro de referências e a fragilidade das soluções consideradas, frente à rigidez da distribuição escolar das línguas, para a expansão de uma conduta integrada. Mas o que está provavelmente em jogo também é uma turbulência epistemológica, pois para uma disciplina como a didática do FLE, que baseou inicialmente sua legitimidade científica sobre a indivisibilidade de seu objeto – o ensino do francês numa posição de língua estrangeira auto-suficiente –, conceber a integração dos ensinos de L1 (português) e L2 (francês), é engajar-se num processo de mudança que, de certa maneira, condiciona o futuro da área à renúncia de seu sentimento de completude.

Mudança epistemológica e cognitiva em didática, o pensamento em um ensino integrado de L1 e de L2 lança um desafio de cultura e de sociedade: através de suas línguas, quais homens para as comunidades de amanhã? Nessas condições, entende-se que, apesar da existência de uma reflexão didática criativa na área, a conceitualização da conduta e de suas implicações curriculares continue indecisa e reservada, e suas repercussões no quotidiano escolar, dispersas.

A partir de então, uma experiência rara, como a que há oito anos, em contexto brasileiro, já constitui o projeto chamado de *Bivalência português – francês*, merece a maior atenção, se for admitido que o exame crítico destas orientações e destes deslocamentos deve permitir melhor compreender os termos da instalação atual da exigência de integração em didática das línguas.

É nessa lógica de reconstrução crítica de um questionamento à luz das mudanças de rumo de uma experiência que este artigo se inscreve. Proponho-me, assim, nas páginas seguintes, a, primeiramente, caracterizar os parâmetros da encarnação *bivalente* da noção de didática integrada das línguas em situação educacional brasileira, concentrando-me nos anos de surgimento do projeto que pude acompanhar de 1992 a 1995, enquanto adido lingüístico encarregado da cooperação universitária. Pretendo mostrar que o pressuposto de transposição deliberadamente técnica da metodologia do FLE para a do PLM (português língua materna), que, ao que me parece, caracterizava a experiência naquela época, ao mesmo tempo liberou e bloqueou um espaço de inovação não desprezível. Partindo dessa reavaliação, gostaria, em seguida, de identificar alguns princípios diretores que preservam a *bivalência* do mecânico e privilegiam a inscrição em seu quadro da educação para as aprendizagens e para a alteridade negociada hoje pela demanda de integrar.

Bivalência dos ensinos, ambivalência de uma transposição

O questionamento deter-se-á aqui na maneira pela qual o *Projeto Bivalência* desejou inicialmente formalizar a troca dos saberes entre PLM e FLE. Nessa ótica, começarei por esclarecer as condições de produção sociopolíticas do projeto (o estado do sistema educacional brasileiro e sua relação com as línguas, o porquê do imperativo de *bivalência*), antes de abordar e avaliar os temas e os dispositivos de circulação dos ensinos ao redor dos quais ele se organizou originalmente, para captar o que pôde e pode ainda fazer sentido para construções futuras.

Das palavras ao(s) projeto(s) de primeira geração

A fim de recompor uma dinâmica, convém primeiramente situar seus termos. De minha parte, situarei o *terminus a quo* do projeto (em outras palavras, o momento de entrada da palavra *bivalência* no cenário da cooperação franco-brasileira, em maio de 1992, por ocasião de um simpósio que reúne em Belo Horizonte professores e pesquisadores brasileiros em FLE e os adidos lingüísticos) e o *terminus ad quem* do período sobre o qual me debruçarei nesta primeira parte, em maio de 1995, data da co-organização (de 15 de maio a 9 de junho), pela Universidade de Paris X e pelo CREDIF, de um estágio destinado aos atores brasileiros do projeto. Entre estes pólos, é preciso salientar a realização em Salvador, de 24 de outubro a 4 de novembro de 1994, do congresso *bivalência português-francês,* que constituiu a primeira manifestação nacional de envergadura do projeto.

Classificar este período como uma conduta de primeira geração não significa, de forma alguma, evidentemente, que seja necessário entendê-lo como a gênese que teria causado a seqüência: sabe-se que existem apenas gêneses dissimétricas, logo forçosamente abertas sobre sentidos concorrentes, dos quais elas se destacam e que elas ao mesmo tempo continuam. Isso significa somente que, durante o período em questão, o projeto se apresenta sob uma certa forma, que pode ser aquela das marolas ou da arrebentação das ondas, nas fronteiras instáveis de outras regulações possíveis.

De fato, os contornos do *Projeto Bivalência* e de sua relação com o contexto já podem ser vislumbrados através dos arrebatamentos da palavra que o inaugura. Com efeito, esta carrega ao mesmo tempo sua configuração institucional brasileira e sua reformulação semântica francófona inscritas em sua denominação: marca de um estatuto institucional, posto que o termo remete à existência objetiva de uma categoria de professores brasileiros habilitados a ensinar o PLM e o FLE; mas também marca de um trabalho semântico, visto que estes professores obtiveram uma formação chamada de *licenciatura dupla português / francês,* que confere a seus titulares o estatuto de *professor com dupla habilitação português/francês.* Ora, os termos *licenciatura bivalente* e *professor bivalente,* apesar de perfeitamente possíveis, dizíveis em português, não são nunca empregados; tampouco aparecem em algum lugar na nomenclatura brasileira.

O ato de denominação que inaugura o *Projeto Bivalência* se baseia assim num deslize de signo deveras notável, visto que, numa antecipação à prevalência francófona desta realidade, acaba por focalizar uma situação de formação que existe apenas em estado virtual, como princípio de realidade brasileira de um projeto. Essa focalização fixa bem a ambição do projeto, mas ela se constitui igualmente de uma certa crença no enraizamento objetivo da *bivalência,* enquanto modo de profissionalização de natureza sintética, no sistema educacional brasileiro. E talvez essa crença não seja ingênua na inclinação ao prodígio causal e tecnicista das operações de primeira geração.

Mas os contornos do projeto não param aí, pois no próprio seio do que se prenuncia a partir de 1992 como *bivalência* se inscrevem as descontinuidades das propostas e contrapropostas no debate das quais a mesma se produz e que alimentam a circulação de suas opções. Esse *Projeto Bivalência* que toma forma(s) em Belo Horizonte corresponde de fato à reorientação de dois outros projetos discutidos no simpósio: um projeto chamado *multigrupos* e um projeto batizado *formação integrada em línguas,* abreviado pela sigla FIL. Legítimos, cada um em sua organização, tratam-se, como é possível perceber por seus títulos respectivos, de propósitos nitidamente diferenciados. Com *multigrupos,* o alvo é uma transferência de tecnologia educativa (a perícia francesa na gestão de grandes efetivos escolares como resposta à sobrecarga das classes brasileiras) defendida pelo argumento de supressão de seu suporte lingüístico:

> A língua francesa não sendo considerada como fator de reprovação ou aprovação curricular forte, a maneira como é ensinada deixa indiferente a maior parte dos atores do sistema educativo. (Sapin-Lignères, 1992)

Com *FIL*, a formação em línguas, revista pelo estabelecimento de laços interativos entre os ensinos de línguas, tornase ao mesmo tempo o princípio de ação e a meta a ser atingida: "O interesse de tal descrição é, evidentemente, o de representar o ensino de uma língua como um processo interativo entre as línguas ensinadas e, portanto, o de encorajar a colaboração do aluno a seu aprendizado" (Chaves da Cunha, Dahlet, 1992). Se o investimento lingüístico da proposta *FIL* é patente, suas carências também o são: as aprendizagens e as línguas do aprendiz chegam apenas ao final da cadeia dos ensinos, tendo sido assim fabricados por escolhas não efetuadas por ele.

No que diz respeito a essas formulações divergentes, até mesmo contraditórias, com as quais acontece, o *Projeto Bivalência* aparece, assim, no começo, como o equilíbrio sob tensões, portanto arriscado e custoso em tempo, de informações tecnológicas e didáticas, cujas relações sob formas de saberes e cujas modalidades lingüísticas são em si mesmas aleatórias. Ora, ultrapassado um certo nível de aleatório, a reflexão sobre essas zonas de encontro – reflexão esta, aliás, crucial para a pertinência de um projeto que reivindica sua *bivalência* – pode somente ser evitada por falta de marcas. O fato de que, no outono de 1994, no congresso nacional de Salvador consagrado à *Bivalência*, as palavras *integrado/integração* não tenham sido empregadas, que eu saiba, em nenhuma intervenção (nem nas minhas próprias contribuições) é particularmente sintomático dessa esquiva.

Em contrapartida, a atribuição de uma função de localizador e de indicador de memória mais do que de conceitualização ao emprego de *bivalência*, sob o efeito de sua abrangência pelo conceito de *didática integrada*, no novo título do projeto no outono de 1995, pode ser interpretada como o índice de sua abertura sobre uma trajetória de segunda geração, que vai retomar essa questão crítica da zona de trocas entre ensinos de PLM e FLE e colocá-la como um operador com valores próprios: um mediador de aprendizagens.

Um projeto sem equivalente

As flutuações das denominações semânticas do projeto, que poderiam ser interpretadas como discordâncias ou contradições, exprimem, também, e sobretudo seu caráter exploratório. Com efeito, enquanto proposta de aproximação de ensinos de L1 e L2, trata-se de um projeto que não se parece com nenhuma experiência diretamente comparável, em função tanto do contexto no qual se especifica quanto da natureza e dos fundamentos da conduta alternativa que propõe.

Institucionalmente, a fórmula da *bivalência* é única no sentido que esta se instala em um meio sócio-educacional brasileiro, pelo menos três vezes centrífugo em relação à aproximação que a *bivalência* deseja tomar em mãos.

A primeira ação centrífuga remete ao estado do próprio sistema educacional brasileiro. Apesar das disposições constitucionais ambiciosas reafirmarem constantemente a obrigação e a gratuidade da escolaridade, as enormes dificuldades enfrentadas pelo sistema educacional – desigualdades sociais e disparidades regionais extremas, precariedade e falta de equipamentos, carências das formações e das remunerações dos professores – contrariam consideravelmente sua missão de escolarização – 5 milhões de crianças na faixa de 7 a 14 anos não escolarizadas; somente 15% dos adolescentes de 15 a 19 anos chegam ao segundo grau, atualmente Ensino Médio, equivalente ao *lycée* francês (fonte: MEC, 1992) – e impõem ao projeto, como a qualquer outra iniciativa de reforma, restrições que não podem ser ignoradas.

O segundo elemento se refere ao estatuto *estrangeiro* do francês no meio brasileiro, estatuto que distingue a *bivalência* de todos os projetos de aproximação adaptados às situações do francês, dito *segunda língua* (cf. CUQ, 1991). No Brasil, a não utilização do francês como língua de ensino, excetuando-se os estabelecimentos escolares franco-brasileiros, e a impossibilidade de seu emprego direto fora do contexto escolar com fins de regulação comunicativa oficial e/ou quotidiana obrigam a *bivalência* a se auto-engendrar totalmente, como uma unidade reconhecível no espaço escolar em que existir.

O terceiro fator centrífugo é a escolha política brasileira de homogeneização lingüística, que une historicamente o porvir do país à hegemonização da língua portuguesa em torno da qual este se solidificou. De fato, apesar da incitação à diversidade implicada pela instituição recente, através da Lei Federal nº 9394 de 1996, da obrigação de *pelo menos* uma LE a partir da 5ª série do Ensino Fundamental (equivalente à *sixième* no secundário francês), a norma escolar, na continuidade da norma política, continua a ser a do monolingüismo tanto em LM como em LE. É esta ausência de co-habitação, real ou esperada (como é o caso na ótica de uma futura identidade européia), de várias línguas faladas ou a falar, entre as quais o francês, no meio social e escolar, que diferencia também de maneira profunda a *bivalência* dos modelos de ensino bilíngües e/ou precoces, bem como das alternativas plurilíngües dos programas de *despertar para a linguagem* ou de formação à intercompreensão entre línguas vizinhas.

Em condições tão singulares, quais referências a *bivalência* foi buscar e se ofereceu para gerar e contextualizar a continuidade de um projeto? Além de uma consideração real, mas que intervirá apenas em filigrana, das repercussões didáticas possíveis do parentesco das línguas francesa e portuguesa, dois grandes focos referenciais podem ser rapidamente destacados: por um lado, a metodologia do FLE em sua coerência comunicativa francesa; por outro, a metodologia do FLE de fabricação brasileira, identificada através da corrente do *francês instrumental* ao ensino de estratégias de compreensão da escrita, especializada ou não. A inscrição da *bivalência* nessa lógica brasileira de construção instrumental da leitura tem, portanto, algo completamente notável: o fato de corresponder à valorização de uma dissidência local, o *francês instrumental*, como operador da intermediação metodológica do FLE, versão francesa, na aproximação das duas línguas.

Entretanto, para além dessas referências e levando em consideração a relação inédita entre seu propósito e seu contexto, o que fundamenta a *bivalência* é seguramente uma vontade política, firmada pela convicção de exeqüibilidade: vontade política, compartilhada pelos parceiros brasileiros e franceses, de melhoria qualitativa do ensino do português como L1 para os primeiros e de promoção da oferta de francês como língua estrangeira para os segundos; convicção de que estas mudanças podem resultar do contato dos modos de ensino do português com o enquadramento metodológico inovador do FLE filtrado pela cultura local do *francês instrumental (FI)*.

Essa identificação da metodologia FLE/FI com um agente de mudança da escolarização em PLM é amparada pela idéia de que o português e o francês compartilham o fato de gerarem uma certa dose de estranheza para o público em questão. Freqüentemente oriundo de meios pouco favorecidos, o aprendiz do sistema público, a quem se destina prioritariamente a *bivalência*, encontra-se, com efeito, confrontado a modos de transmissão e a usos lingüísticos do português, particularmente no caso da aculturação no discurso escrito, muitas vezes deveras distantes de sua experiência quotidiana com a linguagem. Encontra-se, portanto, exposto à estranheza de um objeto que ele deve administrar, sem que tenha consciência disso, como um objeto mais ou menos estrangeiro; daí a oportunidade de um recurso aos métodos de ensino de uma língua estrangeira como o francês.

A convicção na mudança a acarretar através da *bivalência* é constantemente expressa pelos agentes políticos: "Dando certo em francês, a mesma metodologia pode ser aplicada ao português com as mesmas vantagens técnicas" (BCLE, 1992). Contudo, essa convicção também é declarada pelos pedagogos:

> [...] estou convencida do valor formador desta metodologia (francês funcional/instrumental). Além disso, os professores de língua materna têm consciência das contribuições de uma tal metodologia e a utilizam por sua vez. (Avolio, 1990, p. 173)

A concordância e a força das convicções merecem ser sublinhadas. Em um país onde a escola e, particularmente, os programas de língua estrangeira podem dificilmente ser percebidos como meios de promoção, essas convicções de sucesso farão recuar os limites de um saber, indo de encontro aos limites de suas técnicas.

As raias de um prodígio

Como se pode pressentir pela prudência da argumentação teórica por trás da convicção político-metodológica, a *bivalência* entrará em choque, no decorrer dos primeiros anos do projeto, com uma dupla limitação: a de seu objeto principal, a compreensão em leitura, que comprometerá a reflexão e as intervenções *bivalentes* sobre as outras competências (produção escrita, compreensão e produção orais) e sobre objetivos sociocognitivos do ato de aprendizagem em línguas, bem como a limitação de sua hipótese subjacente, ou seja, que o confronto com situações e práticas de leitura variadas em FLE favorece necessariamente um aprofundamento, através de questionamentos e diversificações, das competências de leitura mais ou menos adquiridas em PLM e solicitadas pelo aprendiz para abordar os textos estrangeiros, já que essa hipótese ainda não esclarecerá a questão das formas operatórias desse benefício cognitivo e, por conseqüência, a questão de suas distorções.

É óbvio que o que está em questão nessa hipótese não é a idéia de que o acesso à L2 possa ter incidências positivas sobre o domínio da L1. É, porém, o fato de que estas incidências parecem decorrer mecanicamente da exposição do aprendiz à L2, como se, por uma misteriosa inversão do engendramento enunciativo do aprendiz, fosse L2 que tomasse o lugar de L1 para o sujeito como modo de configuração privilegiada de formas e do sentido de suas práticas de linguagem.

E talvez subsista no fundo, por trás dessa expectativa de uma transferência gloriosa, criando-a ao mesmo tempo que a justifica, a crença clássica que o domínio de uma língua seja redutível ao conhecimento de seu código e/ou de seu funcionamento textual, mesmo que se saiba que aprender uma língua pode levar à reconstrução de todos os tipos de categorias operatórias (cognitivas, lingüísticas, discursivas) concebidos em L1. Esse impulso da *bivalência* em direção a uma prodigiosa transferência, prodigiosa uma vez que se poderia realizar fora da materialidade heterogênea das línguas, é que explicaria então os deslizes do projeto no sentido do que um professor visitante francês identificou, com bom humor, como *situações de bivalência extrema,* para qualificar as ações de formação *bivalente* que ele havia conduzido frente a um auditório de professores de português que não compreendiam o francês, nem tampouco, portanto, os textos suportes de suas manobras metodológicas.

O que quer que se faça desses prodigiosos desvios, essa *bivalência* de primeira geração engajou uma inegável dinâmica de conhecimento e de experiência.

Respondeu estritamente às demandas dos responsáveis educacionais e conceptores de programas, como é possível observar nesse posicionamento da coordenação de ensino do francês da Secretaria Estadual de Educação de Minas Gerais:

> A aprendizagem de uma língua estrangeira pode auxiliar a melhorar a leitura e a compreensão na língua materna, desenvolvendo as habilidades de interpretação de textos (formulação de hipóteses interpretativas sobre textos mais complexos, verificação dessas hipóteses, seleção das melhores; procura dos temas essenciais de um texto, capacidade de síntese e generalização, organização, etc... (MALTA LIMA et al, 1995, p. 17)

E, no plano didático, além da reapropriação da compreensão em PLM, através do reinvestimento das orientações interativas do leitor em FLE, a despeito ou mesmo por causa de suas reduções e de seus arrebatamentos metodológicos, essa *bivalência* de primeira geração terá indicado caminhos e necessidades de pesquisa e de ação novas, convidando a deslocar os princípios diretores do projeto: do aparelhamento de uma transposição de tipo formal da metodologia do FLE, revista por aquela do FI, para a do PLM, com o objetivo de agir tecnicamente sobre esta e seus operadores, em busca de um movimento de integração recíproca das didáticas de uma e de outra língua, que permita reconhecer e conduzir, de modo complexo, diferentes tipos de aprendizagem, agindo não mais *sobre* mas *com* as duas línguas e seus operadores.

Integração das aprendizagens, discernimento dos laços

Em face da rigidez da organização escolar das línguas, a integração dos ensinos de L1 e L2 ativa uma economia da variação: variação das regras de línguas e das metalinguagens gramaticais, dos regimes discursivos e das maneiras enunciativas (cf. Bouchard, 1990; Dahlet, 1994; Bronckart, 1996) e, simultaneamente, variação dos modos de apropriação das línguas, dos regimes de ensino e de suas maneiras cognitivas, em função das diferenças de apreciação, levadas pelas culturas e pelas pessoas sobre a atividade de comunicação e de contextualização e/ou sobre a atividade de aprendizagem e as situações nas quais ela atua (cf. Porquier, 1994; Pochard, 1995).

Sob o enfoque dessa heurística da variação que ele pode ser, um ensino integrado de línguas não define então apenas um espaço de resposta metodológica, mas um espaço de variações a serem construídas, cuja extensão é compreendida entre a abrangência (*integrar em*, incluir) e a pluralização (*integrar-se em*, inserir-se). Assim, *integrar* não é somente *integrar em*, com a parte de conformação que comporta essa orientação. É também *integrar-se em*, com a parte de distinção que comporta o deslocamento de um sujeito em direção a um objeto. E mais perceptíveis serão as razões da distinção, mais forte será a afirmação da singularidade no conjunto: reunir em um todo e reforçar as diferenças, de tal modo que *integrar-se em* pode corresponder a uma maneira de inscrever-se em, inscrevendo-se contra.

Neste aspecto, a intervenção *integrada* se confronta com dois problemas essenciais: em nome da abrangência, a exigência de representações unitárias dos planos e dos fatos de variações que, ao articulá-las com o regular, constituem um horizonte de referência para apropriações linguageiras *bivalentes*; em nome da pluralização, a exigência de uma composição e de uma valorização das alteridades em contexto integrado, que leva a reconsiderar o modo de construção das competências num currículo *bivalente*.

Desde que o *produto integrado* é reconhecido como um construto do *processo* dificilmente esgotável que ele implica, esse movimento dialético entre abrangência e individualização é a relação de pluralização que aparece como o vetor determinante da *didática integrada*. Para construir a proposta *integrada* em línguas, a partir e no espaço do processo policêntrico que a realiza, um conjunto de princípios diretores parece dever ser hoje privilegiado. Vou reter três: conceber uma ruptura de rupturas, pensar as decomposições necessárias, almejar uma consciência de linguagem.

Uma ruptura de rupturas

Nem fusão, nem complementaridade, uma conduta integrada deve ser concebida como uma dinâmica de organização dos múltiplos níveis que a fazem e desfazem: um contínuo de ruptura de rupturas.

Enquanto processo, a integração didática não pode limitar-se a uma ligação de fusão ou de complementaridade entre os ensinos de L1 e L2.

A fusão, fazendo desaparecer as diferenças, até mesmo as contradições entre as entradas em cada um dos termos, simetriza os pólos e desdobra a conduta sobre justaposições: é o que pode acontecer no caso de uma certa concepção da leitura em PLM como terreno de aplicação de uma configuração metodológica da leitura em FLE, à maneira do *francês instrumental*. Se o mérito dessa concentração sobre as convergências é o de alargar o campo de observação, seu defeito é o de impedir no mesmo movimento, sob o efeito da neutralização das diferenças que ele implica, todo aprofundamento da relatividade línguas/realidade.

Quanto à complementaridade, ela separa fenômenos cujas fronteiras são muito difíceis de serem traçadas, como, por exemplo, as dimensões lingüísticas e comunicativas da aprendizagem, o que acaba resolvendo as interações de um percurso integrado por regulações compensatórias consideradas como caminhando por si próprias: por exemplo, quando o domínio do FLE é mais ou menos assimilado ao transporte, em formas lingüísticas diferentes, dos recursos generalizados, porque dissociados de todo trabalho discursivo particular da competência comunicativa atingida em PLM. É esta recepção do processo de integração em termos de complementaridade que explica também que, em ensinos que se apresentam entretanto como *integrados*, a formulação das dificuldades de comunicação às quais todo indivíduo se depara em L1 e L2 possa ser afastada dos conteúdos de formação a serem adquiridos.

Assim, a relação de integração não assegura necessariamente a dinâmica de uma aprendizagem múltipla. Nessa ótica, contra o conformismo redutor ao qual pode se prestar um pensamento *integrado* orientado com movimento de convergências e/ou divergências, é preciso privilegiar uma combinatória de rupturas que garanta harmonizações, níveis de evolução, adaptações coletivas ou realizações pessoais, marcando continuamente as descontinuidades das quais eles procedem e que os enriquecem: ruptura de rupturas, entre as quais aquela, radical, que consiste em coordenar os ensinos de L1 e L2 por processos cujos recursos dependem da aprendizagem de uma e outra língua, para sujeitos e no seio de instituições, no espírito das quais L1 tem, necessariamente, um valor cognitivo e formativo consideravelmente mais importante do que L2.

Decomposições necessárias

Na lógica dessa sinergia de rupturas que a fundamenta, uma conduta integrada decompõe os objetivos de aprendizagem para conceber de forma interativa colaborações entre os ensinos de L1 e de L2 num contínuo de formas de intervenção variadas.

A vontade de integração se beneficia, em contexto brasileiro, da existência da corporação profissional *bivalente* dos professores de PLM-FLE, que constituem, por definição institucional, os mediadores por excelência da mutualidade buscada na aprendizagem das duas línguas. Mas, no Brasil, como em outros lugares, a escolaridade em línguas repousa numa estrita compartimentação dos ensinos, que separa cuidadosamente cada um dos ensinos de L1 e de L2, como se a aprendizagem de uma implicasse num recobrimento e apagamento do tempo de aprendizagem da outra. Face a esse enclausuramento disciplinar que proíbe *a priori* toda aproximação e que não pode ser modificado nem que seja em nome do respeito devido à instituição educacional na qual se insere, a concretização do processo de integração passa pela decomposição dos objetivos gerais, convencionalmente associados ao ensino escolar de cada língua, sob a forma do tríptico comunicativo, cultural e reflexivo. Essa decomposição é tanto mais indicada que a autonomia relativa desses três setores na aprendizagem de uma língua – sabe-se que é possível interessar-se por uma cultura estrangeira sem querer falá-la, como testemunha esta surpreendente declaração de uma comissária da Varig: "não falo francês, mas adoro a gente" – incita, naturalmente, a relacionar cada um destes setores a atividades metodologicamente diferenciadas.

Mediatizada pelo professor *bivalente*, a decomposição dos objetivos, elementar, mas suficiente nesse nível de generalidade, permite construir o ensino integrado como uma combinatória de períodos e de seqüências de integração, mais ou menos seguidas em função do corte institucional dos programas, alternativamente reguladas pela inter-aprendizagem em PLM e FLE de um desses três objetivos e religadas a formas de facilitação e a pontos de vista pedagógicos estrategicamente variados.

É assim que se pode ter um leque de seqüências de natureza diversa: seqüências comunicativas centradas sobre a retomada/ruptura em câmara lenta em FLE de conteúdos e/ou de procedimentos comunicativos investidos em PLM, assim como numa volta sobre problemas de comunicação encontrados em PLM à luz do tratamento dos desequilíbrios discursivos em FLE, ou da repartição dos aprendizes em grupos de afinidades levados a produzir textos sobre um mesmo tema, alternadamente, em português e em francês e, porque não, em fala bilíngüe; seqüências de atração intercultural, passando pela liberação do jogo das variações implicadas em séries de práticas vizinhas da experiência de vida dos aprendizes e provenientes estes das duas culturas (reconhecimento da defasagem dos calendários escolares, dos saberes extra-escolares ou dos modos de entrar em contato nos grupos de sua faixa etária), a produção numa cultura de comportamentos a partir das referências do outro ou ainda pela atualização de disposições positivas em relação à outra cultura (cf. Lussier, 1997, para uma tipologia de atividades de ordem intercultural); seqüências com focalização reflexiva, enfim, favorecendo, na base de atividades de cooperação para o cruzamento de práticas linguageiras, o desenvolvimento de aptidões metalingüísticas, mas também de capacidades metacognitivas que permitam aos aprendizes observarem seus comportamentos de aprendizagem integrada e visualizarem as condições de um reinvestimento não mecânico de suas apropriações no conjunto de seu repertório verbal e cultural.

A arquitetura curricular dessa combinatória de geometria variável de objetivos de aprendizagem e de modos de ação pedagógica – a ordem de aparecimento, alternância e/imbricações eventuais dos três tipos de períodos num currículo – vai, evidentemente, ser relativa às características das situações regionais e locais.

Pode-se, porém, imaginar, no início de toda escolarização *bivalente* em contexto brasileiro, um período de sensibilização reflexiva às aptidões genéricas e afetivas requeridas para se engajar numa aprendizagem integrada de PLM e de FLE, alternando, mais ou menos demoradamente, com um período de abertura a percepções interculturais, sem trânsito necessário pelo uso comunicativo de L2.

Do mesmo modo, pode-se também entrever prioridades de períodos e de intervenção em função de eventuais ressonâncias francófonas do meio: no Amapá, preparação de viagens educacionais, através da alternância de períodos com objetivos comunicativos e interculturais, no quadro do estreitamento e da valorização política da circulação transfronteira entre esse estado brasileiro e a Guiana Francesa, aproveitando na correspondência escolar o potencial de mediação representado pela forte proporção de crianças imigradas do Amapá nas classes plurilingüísticas e culturais da Guiana Francesa; deslocamentos cognitivos progressivos dos períodos centrados no comunicativo em direção a modos de elaboração de cunho comunicativo com orientação acadêmica (exigências retórico-culturais específicas das situações de ensino nos estabelecimentos franco-brasileiros de São Paulo, Rio ou Brasília) ou profissional (registros discursivos do turismo em Salvador, que recebe fluxos turísticos francófonos de alguma importância, ou ainda da indústria e do comércio nos estados do Sul, que conhecem hoje uma nítida densificação da rede multinacional de origem francófona).

Uma consciência de linguagem

Na medida em que a prática integrada de duas línguas, no espaço nacional de uma delas, impulsiona necessariamente um cenário de sociedade, convém introduzir, no fundamento mesmo da reunião dos dois ensinos, a formação de uma consciência de linguagem que compreenda e interprete as implicações éticas e sociais dessa reunião.

Integrar o ensino de L1 e L2 é colocar a instrução lingüística sob o signo da diversidade das regras e das comunidades de linguagem. O processo se acompanha, assim, da representação de que a escolha das prioridades de instrução não pode ser destacada do enfoque de uma educação para a linguagem e para a pluralidade, o que corresponde, de uma certa maneira, a uma reformulação, até mesmo a uma inversão das relações do ensino escolar das línguas com a diversidade: ao invés de inscrever a diversidade na aprendizagem, através das racionalizações situacionais do quadro comunicativo, inscrever a aprendizagem comunicativa na diversidade dos modos de identificação interpessoais e comunitários, não dissociando o acesso às performances de um bom comunicador dos conhecimentos axiológicos exigidos para aprender a viver em comunidades múltiplas.

Assim, além e por causa de sua distinção, as decomposições em objetivos comunicativos, culturais e reflexivos, que pontuam patamares de integração, exigem uma ligação e uma expansão pela unidade de uma meta: a da *consciência de linguagem* que sua gestão, no *entrelugar* dos ensinos de PLM e FLE, deve justamente fazer emergir (in)distintamente. A noção recobre a tomada de consciência das variações linguageiras internas às práticas em L1 e do que as diferencia e as aproxima dos usos construídos em L2 (o que L. Dabène, 1994, designa por "consciência linguageira"), através da qual um sujeito pode aprender a jogar com os caminhos de uma linguagem que tem jogo – "uma diversidade [...] de jogo da qual não se pode ainda fazer uma idéia" (BENVENISTE, 1974,

p. 230). Mas essa consciência de linguagem recobre também, na ótica que é minha, uma *consciência em linguagem*, ou seja, o acesso a uma ética de linguagem, uma consciência de sua economia simbólica e da igual pertinência da diversidade de seus arranjos de uma língua a outra, com o objetivo de aprender a viver novas comunidades de laços.

Mesmo se a configuração dessa *consciência em linguagem* é delicada de ser tratada, já que ela não pode ser nunca a soma de todas as disposições que dela se espera, ela fixa um horizonte de interrogações e delineia saberes, cuja consideração é vital para uma conduta *integrada,* pois ela a introduz nas razões profundas de suas conexões de rupturas: o que é determinante de conhecer, na (in)determinação da linguagem e das coletividades, para ser um ator social reconhecido como pessoa.

Se admitimos que esse conhecimento inclui, sem se resumir a ele, o que é preciso saber (surpreender) para ser um cidadão, o propósito do programa de integração de L1 e de L2 coincide com as preocupações das autoridades brasileiras: "O domínio desses conhecimentos é, pois, condição fundamental para a construção da cidadania" (Malta Lima et al, Secretaria da Educação do Estado de Minas Gerais, 1995, p. 10). Permitindo ao programa desempenhar um papel no projeto social brasileiro, essa convergência sobre valores individuais e de cidadania abre o programa também para o reconhecimento do sentido, do único sentido talvez, que uma parte da população escolar em questão atribui *a priori* à palavra *integração,* aquele que ela retira dos *Centros Integrados de Assistência à Infância* (CIACS) criados pelo Governo na fase inicial do *Projeto Bivalência,* para articular num mesmo meio, a serviço das crianças, recursos educativos, sanitários e sociais.

Conclusão para o apagamento das barreiras

O processo de integração didática de L1 e L2 só pode funcionar se os sujeitos dessa prática forem constituídos em atores de suas práticas (o que supõe que a integração não se faça sem que eles o saibam) e se o universo de discurso construído pela integração, na interface dos dois ensinos, for um universo que reúna e afaste tudo ao mesmo tempo, porque aparece entre eles.

Se, de uma certa maneira, as direções evocadas (conceber uma ruptura de rupturas, elaborar as decomposições necessárias, visar a uma consciência de linguagem) são de ordem prospectiva, visto que a realidade na qual elas se poderiam verificar não existe ainda, isso não impede que se trate de direções verossímeis, uma vez que elas levam em conta orientações políticas e educacionais atuantes. Mas então, sobre que tipo de racionalidade última fundamentar essa verossimilhança?

A esse respeito, o que se designa aqui como *a bivalência de 1ª geração* foi muito mais o sinal de uma tomada de consciência de fenômenos que, em seus princípios, não são absolutamente novos (a L2 como fonte para o desenvolvimento do potencial intelectual e lingüístico em L1) do que um reexame necessário da relação entre as aprendizagens de línguas-objeto, material e simbolicamente diferentes, e a evolução de lógicas de conceitualização e de comportamentos culturalizados.

Se a *bivalência* incentivou a releitura da ligação entre os ensinos de L1 e de L2, sua primeira fase deixou intocadas as condições de produção e de compartilhamento dos saberes, porque ficou enquadrada, quer se queira ou não, no que se pode chamar de uma retórica do presságio, bom ou ruim, segundo os discursos de acompanhamento da experiência: bom, quando a experiência era apresentada como um modo de acesso generalizado à democracia linguageira; ruim, quando era dada como uma medida de urgência para proporcionar à língua francesa, em vias de declínio no sistema escolar brasileiro, um lugar (de peso) contra a hegemonia do inglês.

Compreende-se facilmente: nenhuma integração é realmente possível sem que se ultrapasse essa atitude profética e a oscilação de suas disposições, alternativamente eufóricas ou disfóricas. Ora, a própria possibilidade de uma tal superação está ligada à exigência de um reexame crítico da temática, tão impulsiva e ideológica ao mesmo tempo, das *barreiras de línguas*.

Explorando a permeabilidade dos ensinos de L1 e L2, uma didática integrada coloca, com efeito, frontal e radicalmente, ao mesmo tempo, a questão das *barreiras*, não só a das *barreiras disciplinares*, que separam sem resíduos os ensinos de cada língua e empilham os conhecimentos como fatias de sabores de sorvete napolitano, mas também a das *barreiras metodológicas*, e na primeira fila das quais a que materializa a esquematização da competência de comunicação que, instrumentalizando a funcionalidade do ensino, bloqueia as outras saídas, e, mais fundamentalmente ainda, a das *barreiras lingüísticas*, cuja remanência está ligada às imposições do reflexo comunicativo.

Se não se trata de negar que a existência de línguas distintas pode fazer obstáculo à intercompreensão, é preciso, em contrapartida, tomar com muita cautela a conceitualização corrente desse obstáculo em termos de barreiras lingüísticas, pois ela parece atribuir a dificuldade da intercomunicação à organização distinta de cada língua, a despeito do bom senso mais gritante que possa existir: quem já viu uma língua, por mais viva que fosse, erigir barreiras? E a questão de saber como uma tal adesão é possível – sob o efeito de que pressões e/ou de que obscuro pacto de não agressão do estrangeiro – mereceria por si só um longo debate.

Assim, a crítica desse discurso sobre as barreiras lingüísticas se impõe mais do que nunca porque ele é fonte de confusões: ele intensifica as diferenças de línguas como lugares de fratura a serem absorvidos – com riscos do sonho ou pesadelo de uma comunicação sem troca, na qual cada um, desembaraçado da língua do outro, encontra imediatamente as idéias de todo o mundo, visto que não há mais os nossos outros, enquanto o que está em causa não são seguramente as barreiras que se imagina nas línguas, mas, mais prosaicamente e talvez também mais firmemente, as condições de sua transmissão e a gestão de sua aprendizagem.

Quando elas são aprendidas, longe de constituir barreiras ou clausuras, as distinções de línguas são, em suas fronteiras, lugares de relacionamento com a alteridade. Colocar em contato, na interface dos ensinos de L1 e L2, elementos alheios, sem fazê-los silenciar: talvez esteja aí a missão, assim como, ao mesmo tempo, a dificuldade maior da proposta de *didática integrada*, se ela quiser inscrever a questão da educação para a linguagem no quadro multilingüístico e cultural do futuro. Pois é o nosso modo de tomada de posição nessas fronteiras, assim como a descoberta de sua existência e as existências que elas nos fazem descobrir, que determinam o que nos tornamos em nossos cenários de sociedades.

METALINGUAGEM E DIDÁTICA INTEGRADA DAS LÍNGUAS NO SISTEMA ESCOLAR BRASILEIRO

José Carlos Chaves da Cunha
Universidade Federal do Pará

No Brasil, a LM é obrigatória nos ensinos fundamental e médio. Durante pelo menos 11 anos, os alunos têm, em média, cinco horas de aula de português por semana, ou seja, mais de 200 horas por ano! Poder-se-ia esperar que, ao fim de seus estudos secundários, os alunos fossem bastante competentes no conhecimento e no manejo dessa língua. Não é, entretanto, o que acontece. Na maioria dos casos, eles têm muitas dificuldades em se expressar oralmente (sobretudo em situações de comunicação formais) e ainda mais dificuldades em fazê-lo por escrito, apesar do ensino da LM, centrado na gramática normativa tradicional, priorizar a escrita. Os alunos têm freqüentemente a sensação – partilhada por vários professores – de que a língua portuguesa é difícil e de que eles não a dominam. Professores e alunos de LM se queixam, portanto, dos resultados que obtêm no sistema escolar, ainda que divirjam, às vezes, quando se trata de identificar as causas desse fracasso.

O lugar da LE em nosso sistema escolar é nitidamente menos importante e varia muito segundo as regiões, os Estados, as cidades e as instituições. Pode-se passar de uma situação em que os alunos têm acesso à aprendizagem de pelo menos uma LE, desde o início de sua escolaridade até o fim do ensino médio, a uma situação – infelizmente, ainda freqüente nas regiões mais pobres do país – em que nunca têm contato com uma LE. De fato, apesar da entrada em vigor, em dezembro de 1996, de uma nova lei de orientação geral para a educação nacional, bastante favorável ao ensino das línguas estrangeiras[1], constata-se que os alunos ainda têm raramente mais de duas horas de aulas de LE por semana e, em sua quase totalidade, terminam o secundário sem ter aprendido nenhuma LE.

Nossa intenção aqui não é a de empreender a análise das causas dessa situação. Contentar-nos-emos, partindo de duas constatações relativamente banais e lembrando as três hipóteses fundamentais que orientam nossa reflexão, em fazer algumas propostas suscetíveis de contribuir para a melhoria do quadro esboçado acima. Ilustraremos essas propostas com alguns exemplos concretos tirados do campo da *bivalência*[2].

Constatações e hipóteses de trabalho

Comecemos pois pelas constatações:

Em nosso país, os responsáveis (professores, administradores, metodólogos...) pelo ensino/aprendizagem da LM ignoram, na maioria das vezes, o que se faz em LE e os responsáveis por esta disciplina não levam em conta o que se faz em LM. De fato, não há articulação evidente, sistemática, entre a LM e a LE. Em geral, o ensino da LE não aproveita as

---

[1] Ela torna obrigatório, "a partir da 5ª série, pelo menos uma língua estrangeira (LE) moderna no ensino fundamental" (Art.26 § 5). No ensino médio, "uma LE, escolhida pelos membros da comunidade escolar, será incluída no currículo e uma segunda LE será proposta como opção de acordo com as possibilidades da instituição" (Art.36, III).

[2] A noção de *bivalência* designa no Brasil "ações e experiências (tomadas separadamente ou em conjunto) que, de uma maneira ou de outra, relacionam o português língua materna (PLM) e o francês língua estrangeira (FLE) com o objetivo de favorecer a manutenção ou o desenvolvimento do ensino do francês no sistema escolar brasileiro e/ou de tornar mais fácil, motivante e eficaz o ensino/aprendizagem das duas línguas através do recurso sistemático a *transferências* metodológicas, lingüísticas ou metalingüísticas de uma língua para outra" (CHAVES DA CUNHA, 1996, p. 82-83).

competências já adquiridas pelos alunos em LM. Do mesmo modo, a singularidade de um novo sistema de linguagem não é praticamente nunca explorada para ajudar a desenvolver no aluno uma tomada de consciência "linguageira" e facilitar assim uma apropriação mais rica da LM. O aluno é, pois, levado a abordar a aprendizagem das estruturas e do emprego da LM e da LE de modo muito diversificado e compartimentado, como se se tratasse de objetos radicalmente diferentes (Cf. Roulet, 1995, p. 115).

As práticas de sala de aula e os pressupostos teóricos (lingüísticos, metodológicos...) que estão na base do ensino/aprendizagem da LM e da LE permanecem demasiadamente afastados uns dos outros. No Brasil, apesar de progressos incontestáveis[3], a LM ainda privilegia uma abordagem mais prescritiva do funcionamento lingüístico e permanece enfeudada à gramática normativa tradicional que serve, ao mesmo tempo, de *meio* e de *fim* de ensino/aprendizagem. A LE se apóia mais numa abordagem pragmática do funcionamento lingüístico (*savoir-faire* a serem adquiridos), embora os procedimentos explicativos referentes a este funcionamento continuem tributários desta gramática tradicional.

---

[3] Os manuais estão cada vez mais atraentes (paginação, fotos, jogos...). Os textos que eles propõem são geralmente interessantes e parecem adaptados ao grau de maturidade cognitiva dos alunos. Quanto aos conteúdos de ensino/aprendizagem, os *manuais de português* permanecem muito presos à gramática tradicional. Mas vários *manuais de redação* propõem atividades de compreensão e de produção escritas – e até mesmo orais! – verdadeiramente *pragmáticas*. Ex.: ***a***- "Imagine o que diriam as pessoas na situação abaixo." (RICHE, R.; SOUZA, D., 1996, p. 45) Obs.- desenhos para ilustrar as situações. ***b***- A produção de um jornal (SARGENTIM, H., 1996, p. 3): "Ao futuro jornalista [i.e. o aluno]: "O professor não é mais aquele que centraliza sua produção [...] Toda sua produção será dirigida para um público que você deverá tentar conhecer [...]". E isso, utilizando uma metalinguagem que reflete fundamentos teóricos oriundos da Pragmática, da Semiótica, da Lingüística textual, do Cognitivismo... Ex.: narrador-personagem, narrador-observador, verbos de elocução, subentendidos, seqüência, organização do texto, progressão, seqüência temporal, argumentar, fonte narrativa, contexto da narração, reescrita, estrutura do conto, tipos de contos, partes de um anúncio (slogan, ilustração, texto), (re)formular, reproduzir uma fala, etc.

Isto provoca distanciamentos terminológicos[4] e diferenças de tipos de análise que perturbam os alunos e são prejudiciais à apropriação tanto da LE quanto da LM (Cf. CHARMIAN O'NEIL, 1993, p. 240-241).

Estas constatações constituem a base na qual se apóiam as três hipóteses que guiarão nossa reflexão:

Aproximar o ensino-aprendizagem da LM e da LE, tanto do ponto de vista dos pressupostos teóricos de base (lingüísticos, didático-metodológicos...) quanto do ponto de vista das práticas da sala de aula, pode favorecer uma apropriação mais rápida e mais eficaz de uma e de outra língua. A idéia subjacente a esta hipótese é que a aprendizagem de uma LE nunca é independente da aprendizagem anterior ou simultânea da LM. "Os aprendizes não são uma tábula rasa. Eles já possuem a linguagem, têm a experiência do que é a atividade 'linguageira' com tudo o que isto implica de conhecimento de um sistema lingüístico de representação do mundo e de comunicação. A apreensão deles do segundo sistema lingüístico se fará com ajuda de processos cognitivos que trarão o desconhecido para o conhecido, tanto através do filtro prévio da L1 quanto através dos conhecimentos pragmáticos, discursivos e semânticos já construídos" (TREVISE, 1993, p. 41).

Acrescentemos a isto o fato de serem as semelhanças entre essas duas disciplinas nitidamente mais numerosas que suas especificidades. Nada justifica portanto o incrível distanciamento que existe entre suas metodologias, objetivos, programas e conteúdos na maioria dos estabelecimentos escolares.

Esta aproximação só se justifica plenamente, a nosso ver, se efetivada no âmbito de uma abordagem pragmática do ensino/aprendizagem da LM e da LE. Hoje, não é mais possível aprender uma língua sem levar em conta, simultaneamente,

[4] Na verdade, observam-se alguns distanciamentos terminológicos importantes mesmo quando se confronta a metalíngua gramatical (tradicional) do português e do francês (Cf. CHAVES DA CUNHA, 1997b).

os níveis fonético-fonológico, morfossintático, semântico-pragmático e os articular entre si. Ora, no mais das vezes é este último nível que provoca as escolhas concernentes a outros níveis. Excetuando situações muito específicas (numa sala de aula, por exemplo), não falamos para empregar a noção de anterioridade num enunciado, para conjugar um verbo no presente do indicativo ou para pronunciar o /y/. Falamos para interagir com nossos interlocutores em situações de comunicação que condicionam amplamente nossas interações.

Enfim, postulamos que a atividade reflexiva de tipo 'metalinguageiro'[5] é o espaço por excelência de aproximação entre a LM e a LE. Pensamos de fato que trabalhando com uma metalinguagem comum (unificada a partir dos pressupostos teóricos de base) e centrando a reflexão e as atividades 'metalinguageiras' nos aspectos pragmáticos da comunicação, favoreceremos um melhor conhecimento do funcionamento de uma e de outra língua e, portanto – já que compreender ajuda a aprender –, uma aprendizagem mais sólida e eficaz[6].

Há, sem dúvida, hoje um consenso bem amplo em torno das constatações e hipóteses apresentadas acima. A questão problemática é de ordem metodológica. Como, concretamente, integrar, ou pelo menos aproximar, o ensino-aprendizagem da LM e da LE no sistema escolar brasileiro de maneira a torná-lo mais eficaz? Como proceder, concretamente, para efetuar esta aproximação no âmbito de uma abordagem pragmática? E como, concretamente, colocar de maneira explícita e

[5] Com BESSON e CANELAS-TREVISI (1994, p. 177), concebemos a atividade "'metalinguageira' em sua integração com o discurso e como resposta às condições socio-enunciativas das quais dependem os diferentes gêneros de discurso onde se insere a metalinguagem".

[6] Como COSTE (1985, p. 78), achamos que "sem romper com a busca de uma aprendizagem com fins de comunicação e sem que os 'aprendentes' tenham que se transformar em lingüistas, uma prática metalingüística preparada (e não cega), construída (mas a partir freqüentemente das avaliações espontâneas dos que aprendem) pode não apenas ajudar a situar diferencialmente funcionamentos da LM e da LE mas também aumentar o domínio de uma e de outra".

articulada o campo do "metalinguageiro" a serviço dos *savoir-faire* e dos *savoir être*, em LE e em LM no Brasil?

Trata-se, a priori, de conciliar o que parece inconciliável, de gerir uma dialética entre reflexão e produção "linguageiras", de pensar o ensino/aprendizagem da LM e da LE em termos de competência e de conhecimentos a serem instalados. É um trabalho difícil de ser realizado, pois, por um lado, *gramática* e *atos de linguagem* não se articulam de modo rigoroso e evidente (Cf. Coste, 1985, p. 76) e, por outro lado, as tradições metodológicas em LM e em LE estão bem enraizadas e são muito diferentes umas da outras em nosso país.

Para levar a bom termo este trabalho, estamos desenvolvendo, já há alguns anos em Belém, uma pesquisa-ação[7] com o objetivo de construir uma abordagem de tipo *pragmático* que favoreça um ensino/aprendizagem mais eficaz da LM e da LE através da aproximação destas disciplinas pelo viés do "metalinguageiro". As observações e experimentações que efetuamos com estudantes e professores de Português e/ou de Francês em diferentes estabelecimentos escolares da aglomeração de Belém e na Universidade Federal do Pará (UFPA) nos conduziram a estabelecer determinados *princípios* que *orientam* nossa abordagem. Trata-se essencialmente de:

a) considerar os aprendizes não mais como receptáculos do saber dispensado pelo professor, mas como sujeitos capazes de se responsabilizarem por sua aprendizagem;

b) pensar o ensino/aprendizagem da LM e da LE como "um processo unificado" (Cf. Roulet, 1980), o que implica um trabalho de harmonização das concepções

---

[7] Trata-se de uma pesquisa intitulada *Pragmática lingüística e ensino/aprendizagem das línguas (materna e estrangeira)*. Por pesquisa-ação, GAGNE et al (1989, p. 177) designam um "tipo de pesquisa cujo objetivo central consiste em transformar a realidade utilizando diferentes formas de intervenção pedagógica como procedimento de investigação [...] É uma pesquisa que pretende solucionar problemas de aprendizagem ou de ensino trazendo mudanças na realidade pedagógica a fim de melhorar seu funcionamento."

teóricas que estão na base dos objetivos destinados a estas disciplinas nos currículos;

c) não dissociar uso da língua e reflexão, verbalizada ou não, sobre esta, isto é, não separar as atividades "metalinguageiras" das atividades "linguageiras" quaisquer que sejam;

d) zelar para que o espaço atribuído à observação e à análise se faça no âmbito de atividades significativas que objetivam o domínio dos *savoir-faire* tanto em LM quanto em LE.

Nesta abordagem, a metalinguagem[8] não representa mais um *fim* em si, mas um *meio*: ela é útil para a aprendizagem. Ela não está mais limitada à/pela metalíngua gramatical. Como esta, ela ajuda, claro, os alunos a descobrirem as regularidades lingüísticas, a compreendê-las melhor, mas também, e, sobretudo, a estruturarem esta compreensão e a produzirem textos (orais e escritos) conformes às regras de funcionamento lingüístico e social em vigor no seio da(s) comunidade(s) cuja língua se aprende. Esta metalinguagem é, ao mesmo tempo, o meio e o resultado de uma atividade reflexiva voltada para as condições deste ou daquele tipo de discurso e seus efeitos. Ela é constituída por

> designações de ações 'linguageiras' particulares (compreender, querer, dizer, corrigir, expressar-se bem/mal, traduzir, dar detalhes, construir seu texto, convencer, explicar, organizar os argumentos, colocar entre parênteses) das quais algumas se relacionam diretamente com a 'reescritura' (substituir, acrescentar, retirar, tirar, trocar, barrar deslocar); [por uma] terminologia específica da análise da linguagem e da língua (ordem, imperativo, texto, palavra, parágrafo, passagens/partes de um texto, linguagem falada/escrita, pontuação, significação, letras de imprensa,

[8] Este termo tem uma acepção mais ampla que o de *metalíngua*: "ele remete não somente à atividade reflexiva sobre a linguagem e sua utilização como também à capacidade de controlar e planificar seus próprios processos de tratamento lingüístico" (THYRION, F. 1995, p. 173).

> rima, verso/prosa, frase incorreta, coordenação, fórmula, adjetivos, registro, repetição, palavra pejorativa, masculino/feminino. (Delamotte-Legrand, 1994, p. 171)

No ensino fundamental limitamos essa metalinguagem ao estritamente necessário para o domínio de *savoir-faire* e de *savoir être* em LM como em LE, a fim de não sobrecarregar os aprendizes com conceitos, classificações que fariam perder de vista seu caráter instrumental. A reflexão *meta* não é, pois, mais centrada na língua (enquanto sistema *in potentia*) descrita ou prescrita como modelo, mas na utilização da linguagem por indivíduos em carne e osso, seres sociais que interagem, se protegem, poupam o interlocutor, tentam seduzi-lo, convencê-lo ou dominá-lo, etc.

Esses *princípios* nos levam a propor – com Brossard (1994, p. 34) e após Bruner (1983) – atividades que façam sentido aos olhos dos alunos, isto é,

> situações cujas finalidades sociais e comunicativas sejam perceptíveis e possam ser dominadas por eles... Partindo de suas necessidades e de seus problemas comunicativos [...] eles são levados durante as tarefas, coletivamente ou com a ajuda do professor, a procurar, a se interrogar sobre as formas que lhes parecem mais apropriadas para expressarem suas intenções comunicativas... Assim, o trabalho voltado para os instrumentos nunca está dissociado dos problemas comunicativos que estes instrumentos permitem resolver. Há, claro, seqüências reflexivas, mas elas nunca estão dissociadas da atividade social em curso.

As atividades que vamos apresentar para ilustrar nossa proposta estão, portanto, organizadas num eixo mais pragmático. Elas servem, sobretudo, para a regulação dos *savoir-faire* em LM e em LE, embora sejam freqüentemente seguidas ou precedidas de uma reflexão 'metalinguageira'. Elas pressupõem, como já dissemos, um trabalho preliminar de harmonização das escolhas teóricas de base e a identificação de um certo número de lacunas (dos alunos) que podem ser preenchidas no âmbito da *bivalência*.

Apresentamos abaixo uma amostra de atividades que já foram experimentadas em sala de aula e reformuladas. Elas ilustram não apenas possibilidades de *transferências* metodológicas e/ou '(meta)linguageiras' da LM para a LE e/ou vice-versa, mas também possibilidades de desenvolvimento, nos alunos, de uma tomada de consciência 'linguageira' graças à aproximação dessas duas disciplinas no sistema escolar. Elas conservam, todavia, um caráter relativamente tópico na medida em que não foram ainda propostas no âmbito de um verdadeiro programa conjunto de ensino/aprendizagem LE/LM.

Ficha Pedagógica nº1[9]

1. Título: Um desaparecimento misterioso (*jeu de rôle*[10]).
2. Público: pré-adolescentes (11/12 anos) no sistema escolar.
3. Objetivos pragmáticos: - expressar seu desacordo;
   - reafirmar sua opinião.
4. Objetivo lingüístico: - empregar algumas modalidades lingüísticas (o certo e o provável).
5. Fases do trabalho

a) Distribuir o seguinte plano de diálogo em português:

- No Colégio, A e B falam do desaparecimento misterioso de C.
- A pensa que C viajou.
- B diz que isto é impossível e dá razões para essa impossibilidade.
- A não concorda.
- B diz que C foi seqüestrado.

---

[9] Elaborada e experimentada por Glaucilene Dantas Bouth, professora de Português e de Francês em Belém.

[10] O *jeu de rôle* é uma "atividade de comunicação interativa que consiste, a partir de um plano, ou de uma improvisação, em levar os alunos a interpretar diálogos" (GAGNE, 1989, p. 152).

- A contesta B e diz que há a possibilidade de que C esteja doente.
- B contesta essa hipótese e reafirma sua opinião.
- A reage à sua maneira.

b) Pedir aos alunos que preparem e interpretem o diálogo em grupos de três.

c) Corrigir coletivamente eventuais erros lingüísticos e pragmáticos (ex.: a maneira de se dirigir ao outro, o nível de língua, a coerência situacional do discurso...).

d) Chamar a atenção dos alunos sobre os procedimentos utilizados em LM para *manifestar seu desacordo* e *reafirmar seu ponto de vista*: tempos verbais, sobretudo o subjuntivo, modalizações...)

Ficha Pedagógica nº2

1. Título: Um julgamento (simulação[11]).
2. Público: grandes adolescentes (15-16 anos) no sistema escolar (curso de português).
3. Objetivos pragmáticos:

- treinar os alunos para o uso dos mecanismos argumentativos;
- explicitar a importância da escolha de determinadas palavras (principalmente gramaticais) para a determinação do valor argumentativo de um texto;
- tornar mais preciso o sentido e o valor dos meios lingüísticos que os alunos possuem para argumentar;
- ensinar-lhes outros meios lingüísticos;

[11] "Chamamos aqui de *Simulação*, na perspectiva da sala de aula, a reprodução simulada, fictícia e interpretada de intercâmbios interpessoais organizados em torno de uma situação problema: casos a serem estudados, problemas a serem resolvidos, projetos a serem discutidos, conflitos a serem arbitrados, litígio, briga, debate, situação de conselho" (CARE, J.M.; DEBYSER, F., 1978, p. 65).

- sensibilizá-los para o fenômeno da coerência textual e para os elementos lingüísticos que lhe servem de suporte;
- treiná-los para interpretarem sistematicamente as intenções de comunicação, sobretudo quando estas não estão explícitas.

4. Objetivos lingüísticos:

- empregar algumas modalidades lingüísticas (o certo e o provável);
- empregar alguns operadores e conectores argumentativos.

5. Comandos (em português):

a) Observem o documento (cf. em anexo). Imaginem o que pensam e o que dizem os personagens imagem por imagem.

b) Contem esta história (grupos de dois ou três alunos):

- do ponto de vista da senhora (metade dos grupos);
- do ponto de vista de um amigo do senhor que foi testemunha do crime (a outra metade).

OBS.: Não se esqueçam de dar um título à história.

c) Simulação: O marido está morto, a senhora está no tribunal para ser julgada por seu crime.

- Organizem-se em três grupos. O grupo 1 está encarregado da defesa (advogados, testemunhas, senhora acusada); o grupo 2, da acusação (procuradores, testemunhas); o grupo 3 do julgamento e, eventualmente, da determinação da pena (juízes, membros do júri popular).
- (Aos grupos 1 e 2) Preparem a defesa e a acusação da senhora.
- (Ao grupo 3) Tentem reconstituir o que aconteceu da maneira mais neutra possível.

OBS.: O professor fornece uma parte do material necessário para a realização da tarefa e incita os alunos a procurarem (em casa, no Tribunal, com amigos, na internet...) documentos e informações complementares.

- Interpretem a cena.

OBS.: Enquanto a defesa e a acusação apresentam seus argumentos, o juiz mantém a ordem e regula os turnos de fala. Os membros do júri escutam, fazem anotações e, no final, discutem entre si antes de dar seu veredicto ao juiz.

- O professor registra a cena em vídeo e/ou gravador. Em seguida, passa a gravação para a turma a fim de a levar a identificar, corrigir e eventualmente explicar as inadequações lingüísticas e pragmáticas.

Ficha pedagógica nº 3

1. Título: Situações embaraçadoras!
2. Público: adolescentes (15-16 anos) no sistema escolar.
3. Objetivos pragmáticos:

- chamar a atenção dos alunos para o papel do implícito nas situações de comunicação;
- explicitar o funcionamento de regras pragmáticas do funcionamento da linguagem.

4. Objetivo lingüístico:

- levar os alunos a perceberem a importância das escolhas lingüísticas, nos diferentes níveis (morfossintático, lexical, supra-segmental...), que 'ancoram' os implícitos.

5. Fases do trabalho:

a) Apresentar para a metade da turma os seguintes comandos em português e, para a outra metade, em francês (***OBS***.: respostas individuais):

- Uma amiga lhe pergunta o que acha de seu novo corte de cabelo. Você acha que ele a envelheceu, mas sua amiga parece estar muito satisfeita com esse corte.

O que você lhe responde? Explicite as razões para sua resposta.

- Você está jantando na casa de amigos. A dona da casa insiste para que você repita um prato que achou muito ruim. O que você lhe diz? Por quê?
- O pai de seu/sua melhor amigo(a) morreu num acidente de carro ontem. Você vai vê-lo(a). O que você lhe diz? Justifique sua resposta.

b) Levar os alunos a comparar, paulatinamente, as respostas dadas nas duas línguas.

OBS.: Perguntar sistematicamente quais as razões (pragmáticas) das escolhas lingüísticas.

Ficha pedagógica[12] ***nº 4***

1. Título: Escrever cartões-postais[13].
2. Público: pré-adolescentes (11-12 anos) no sistema escolar.
3. Suporte: cartões-postais redigidos em francês e em português e cartões-postais virgens de Belém.
4. Objetivos pragmáticos:

- entrar em contato com alunos de Toulouse;
- dar informações sobre a região amazônica e sobre Belém;
- solicitar informações sobre Toulouse e a região Midi-Pyrénées.

5. Objetivos lingüísticos:

- empregar diferentes fórmulas de introdução e de conclusão utilizadas neste tipo de texto em francês e em português;

---

[12] Elaborada e experimentada por Glaucilene Dantas Bouth, professora de Português e de Francês em Belém.

[13] Antes de propor esta atividade, o professor já procurou despertar nos alunos a vontade de se corresponderem com estudantes franceses.

- utilizar diferentes tipos de qualificativos em francês e em português.

5. Fases do trabalho:

a) Distribuir para a turma cartões-postais redigidos em português;

b) Levá-los a observar e comentar as fotos ou os desenhos impressos e, em seguida, a explicitar a organização dos textos escritos nos cartões-postais;

c) Pedir aos alunos que destaquem as fórmulas utilizadas nos cartões-postais para introduzir ou finalizar os textos;

d) Pedir aos alunos que destaquem as fórmulas utilizadas para falar dos lugares visitados, dos sentimentos e atividades relatadas nos cartões-postais;

e) Distribuir para a turma cartões-postais escritos em francês;

f) Seguir o mesmo procedimento apresentado acima;

g) Levar os alunos a identificar e comentar: as similitudes e diferenças referentes ao emprego das fórmulas de introdução e de conclusão utilizadas em francês e em português; ao emprego das diferentes estruturas utilizadas nas duas línguas para qualificar e/ou descrever lugares e sentimentos;

h) Pedir-lhes que escrevam, num rascunho, o texto que querem enviar em cartão-postal para um(a) aluno(a) de Toulouse;

i) Corrigir coletivamente algumas produções privilegiando o comentário dos erros pragmáticos;

j) Pedir aos alunos que reformulem seu texto (***Obs***.: ajudá-los nessa tarefa);

l) Distribuir cartões-postais virgens de Belém e pedir que escrevam neles seu texto reformulado;

m) Enviar os cartões-postais a um colégio de Toulouse.

A experiência nos mostrou que o trabalho *bivalente* pode também ser muito eficaz quando vem em resposta a dificuldades que aparecem *durante* as aulas de uma ou outra língua. Já tivemos várias ocasiões de ajudar alunos a compreender um funcionamento de linguagem em francês levando-os a refletir sobre o mesmo funcionamento em português (Ex.: Situar-se no tempo a partir do passado ou do futuro) e vice-versa (Ex.: as noções de condição e de hipótese, enunciados impessoais, etc.).

A abordagem que propomos aqui – constata-se facilmente por suas lacunas – ainda está longe de ser concluída. Trataram-se até agora de reflexões e de discussões – quando de cursos, seminários, orientação de dissertações de mestrado... – que levaram a experimentações tópicas que reformulamos e organizamos a fim de poder inseri-las naturalmente numa abordagem mais integrada da LM e da LE. Nossa pesquisa-ação inicia atualmente uma nova etapa. De fato, começamos enfim, a efetuar um trabalho escalonado no período de um ano em turmas experimentais de 5ª série. Nessa perspectiva, engajamo-nos – com um grupo de professores de francês e de português do Colégio de Aplicação da UFPA – na elaboração conjunta, para essas duas disciplinas, de *objetivos*, de *programas*, e de *conteúdos* de ensino/aprendizagem. Se a experiência for bem-sucedida, estaremos, então, em condições de propor cursos e materiais pedagógicos *bivalentes* (PLM e FLE), suscetíveis de favorecer um ensino/aprendizagem de línguas (materna e estrangeira) mais integrado, mais motivante e mais eficaz no sistema escolar.

BOSC
BOSC

A ALTERNÂNCIA ENTRE A LÍNGUA MATERNA E A LÍNGUA ESTRANGEIRA NO CONTEXTO EDUCACIONAL BRASILEIRO

Aglaé Terezinha Ribas Auada
Universidade Estadual de Maringá/PR

Maria Ruth Scalise Fonseca
Universidade Estadual de Ponta Grossa/Pr

Este artigo faz parte de um trabalho de pesquisa[1], realizado dentro do *Projeto Bivalência*[2], e tem por finalidade analisar as relações existentes entre o português língua materna (PLM) e o francês língua estrangeira (FLE) no contexto educacional brasileiro.

A aprendizagem de uma língua estrangeira (LE) permite que o aluno estabeleça um distanciamento em relação à língua materna (LM), desenvolva comparações lingüísticas e destaque as diferenças e as semelhanças existentes entre as duas línguas. O conhecimento de novas situações culturais favorece o conhecimento do outro e a diversidade de escolhas a serem efetuadas[3]. Acreditamos que estas reflexões facilitam o desenvolvimento de um processo através do qual professor e alunos participam, de maneira interativa, da construção do conhecimento. A conscientização do professor precisa ser iniciada durante o curso de formação profissional, havendo a necessidade de despertá-lo para a percepção e,

---

[1] Esse artigo é resultado de uma pesquisa realizada pelas autoras em St Cloud, França.

[2] Ver artigo de M. CERDAM.

[3] É preciso notar que o aluno se constitui em sujeito da aprendizagem. Assim, existem em seu comportamento marcadores discursivos que ele escolhe, de forma consciente ou não, para se comunicar.

conseqüentemente, a análise dos fatos lingüísticos que ocorrem em sala de aula, a fim de favorecer o processo de aprendizagem.

Paulo Freire (1988) afirma que as práticas educativas se produzem dentro de contextos histórico, social, cultural, econômico e político. Sua teoria serve de suporte aos professores brasileiros de LE, visto que valoriza e prestigia tanto o aprendizado de LEs quanto a inter-relação entre a LM e a LE, na medida em que esse procedimento facilita e estimula o progresso do aprendiz.

A Lei de Diretrizes e Bases da Educação - LDB- nº 9394/96 permitiu uma nova reflexão sobre a importância da LE no *curriculum* escolar. Assim, o Ministério da Educação publicou os "Parâmetros Curriculares Nacionais para o Ensino de Línguas Estrangeiras" (PCNs), onde são definidas as concepções sócio-cognitivo-culturais que favorecem uma nova visão no que diz respeito ao ensino/aprendizagem de LE.

O ensino/aprendizagem de LE contribui para o enriquecimento do processo educativo de maneira ampla, visto que conduz a uma nova percepção da natureza da linguagem, aumentando a compreensão de seu funcionamento e desenvolvendo uma maior consciência do funcionamento da LM. Nos PCNs (1998, p. 37) encontramos a afirmação de que:

> Ao mesmo tempo, ao promover uma apreciação dos costumes e valores de outras culturas, contribui para desenvolver a percepção da própria cultura por meio da compreensão das culturas estrangeiras. O desenvolvimento da habilidade de entender/dizer o que outras pessoas, em outros países, diriam em determinadas situações leva, portanto, à compreensão tanto das culturas estrangeiras como da materna.

Assim, estabelecemos a reflexão sobre a alternância lingüística, o destaque de alguns marcadores significativos, bem como propostas de meios didáticos de transposição, a partir de *corpus* lingüísticos selecionados dentro do contexto específico do *Projeto Bivalência*, desenvolvido no Brasil.

Histórico

Um aprendizado não parte nunca do zero mas sim de representações prévias, construindo-se por ajustes sucessivos e confrontações entre noções vizinhas[4].

Danielle Moore (1995, p. 27) considera que

> em vez de retardar o trabalho propriamente dito sobre a língua alvo (quer se trate de língua materna, língua estrangeira ou ambas), a reflexão e a análise consciente do funcionamento de outros sistemas vão favorecer o distanciamento em relação ao código lingüístico, para propiciar uma melhor apropriação. Propõe-se, portanto, aos aprendizes o estabelecimento de um "estado de alerta", uma reflexão dinâmica e espontânea em relação à língua e à linguagem, através da observação, da descoberta e da manipulação.[5]

Sabemos que através do vai-e-vem entre a LM e a LE o aprendiz estabelece transferências lingüísticas[6] de sua experiência cognitiva interiorizada. Esta experiência pode ser considerada como parte integrante de uma competência mais global de comunicação. Coste (1997) analisa contextos de sala de aula, definindo o seu objeto e classificando os tipos de alternância detectados. Essas classificações "remetem a modos de categorização aos quais os próprios atores e os professores podem ter acesso de maneira espontânea"[7] (1997, p. 399).

---

[4] Referimo-nos a línguas de origem latina.

[5] Optamos por uma tradução própria do texto a seguir: *"loin de parasiter ou retarder le travail proprement dit sur la langue cible (qu'il s'agisse de la LM ou de la LE) la réflexion ou l'analyse consciente, par exemple des fonctionnements d'autres systèmes comparés à ceux de la LM, vont favoriser la distanciation par rapport au code, pour mieux se l'approprier. On propose ainsi aux apprenants des corpus linguistiques susceptibles de favoriser chez eux un "état d'alerte à la langue", une réflexion dynamique et spontanée face aux faits langagiers, par l' observation, la découverte et la manipulation".*

[6] Passagens de uma língua à outra que obedecem, por parte do professor, a objetivos conscientes e específicos, a explicações e comentários e, por parte do aprendiz, a reformulações e adaptações.

[7] Tradução própria do trecho citado: *"renvoient à des modes de catégorisations auxquels les acteurs, eux-mêmes, et singulièrement les enseignants peuvent avoir spontanément recours".*

Dentre elas, destacamos as que acreditamos serem mais significativas e que supomos encontrar no momento da análise do *corpus* brasileiro:

a) alternância de aprendizagem visando a construção do conhecimento;
b) alternância por defeito que consiste em um recurso à língua da qual se tem maior domínio, quando existem lacunas na LE;
c) alternância valorizada por constituir um degrau a mais para o aprendizado da LE;
d) alternância de repetição que permite aos aprendizes retomar em uma língua um enunciado feito em outra língua (tradução, reformulação ou resumo);
e) alternância de comentários metalingüísticos, concebidos como muito freqüentes em sala de aula.

Outros traços lingüísticos poderão aparecer na medida em que desenvolvermos a análise do *corpus*. Não temos a pretensão de estabelecer novas categorizações; entretanto, procuraremos destacar alguns aspectos que nos parecem importantes nesse contexto particular de aprendizagem de LM/LE e que ainda não foram evidenciados.

Outro ponto importante, segundo PY (1992), consiste no contato entre a LM e a LE, que poderá desencadear no aprendiz dois tipos de tendências diferentes. O primeiro tipo se refere à aproximação lingüística, de maneira a facilitar a passagem de uma língua à outra através da alternância de código (a tradução, a neocodificação); o segundo conduz o aprendiz a evitar a alternância lingüística a fim de não aproximar os dois códigos de maneira muito marcada. O autor afirma que:

> O locutor *bilíngüe* vai privilegiar uma ou outra dessas tendências em função de diferentes critérios e de suas preferências pessoais[...]. Em muitas situações européias as pressões normativas são muito fortes e estabelecidas tanto pelo meio

ambiente (escola, trabalho, família) quanto pelo próprio sujeito (representações muitas vezes puristas).[8] (1992, p. 16)

Através dessas considerações teóricas constatamos que a alternância lingüística desempenha um papel significativo no processo de apropriação de uma LE.

A alternância no *Projeto Bivalência*

O *Projeto Bivalência* estabelece o trabalho conjunto de aulas de PLM e de FLE, valoriza a inter-relação lingüística e procura despertar os professores para as vantagens que esse trabalho traz para o processo de ensino/aprendizagem, em um momento muito favorável dentro do contexto nacional de educação, face à valorização do ensino das línguas estrangeiras em geral.

Objetivos

A alternância lingüística ocupa um lugar de destaque quando se deseja atingir os objetivos propostos pelo *Projeto Bivalência*, pois, a análise da presença ou da ausência de transferências em sala de aula, através de uma pesquisa-ação, pode favorecer um novo olhar sobre o ensino/aprendizagem de PLM e de FLE.

Nossa análise tem por objetivo destacar porque e de que modo o aprendiz brasileiro desenvolve fusões ou distinções lingüísticas, visto que estas duas forças se manifestam em seu discurso em função de sua tomada de posição em relação às duas línguas e ao contexto social dentro do qual ele está inserido.

Nós analisaremos o contexto escolar brasileiro segundo duas perspectivas:

---

[8] Optamos por uma tradução própria: *"Le locuteur bilingue va privilégier l'une ou l'autre de ces tendances en fonction de différents critères et de ses préférences personnelles.[...] Dans de nombreuses situations européennes les pressions normatives restent très fortes, et sont exercées aussi bien par l'entourage (école, milieu professionnel, famille, etc.) que par le sujet lui-même (représentations souvent puristes)"*.

a) destacar e analisar os traços discursivos de alternância lingüística mais importantes em aula de FLE na escola pública, traços esses concebidos de maneira inconsciente, tanto pelos aprendizes quanto pelo professor.

b) destacar e analisar as ações conscientes que têm como finalidade a alternância lingüística em aula de FLE, com futuros professores de LE, na universidade.

A análise do corpus

Para a realização deste trabalho, transcrevemos as gravações realizadas em uma aula de FLE, na 5ª série de uma escola pública em uma cidade do Estado do Paraná, e gravações realizadas em aula de FLE, no 2ª ano do Curso de Letras Português/Francês em uma universidade pública, do mesmo estado. Utilizaremos, para análise, extratos deste corpus.

Em uma sala de aula

Inicialmente, é preciso contextualizar o *corpus* em questão para que melhor se compreendam as atividades desenvolvidas em aula. Observamos uma aula de FLE de uma escola pública que faz parte do *Projeto Bivalência*, sem que o professor soubesse exatamente o que se iria pesquisar, pois tínhamos por objetivo estudar as ações inconscientes que ocorreriam durante a aula. Recolhemos uma amostragem significativa de alternâncias lingüísticas que foram analisadas de acordo com os aspectos estabelecidos e dentro dos fundamentos teóricos que norteiam este trabalho.

O professor trabalhou uma unidade do manual de FLE, no qual se destacavam alguns hábitos do povo francês. Após a escuta de um diálogo, o professor e os alunos comentaram sobre as diferenças existentes entre os hábitos franceses e os brasileiros. Como se tratava de uma classe de iniciantes, os aprendizes procuraram elaborar uma atividade escrita, com a ajuda do professor, sobre as diferenças culturais entre os dois povos.

Nos extratos do *corpus* que abaixo analisamos como exemplo, procuramos destacar alguns traços lingüísticos e culturais que possibilitaram a alternância de dados de uma língua para a outra favorecendo a interação.[9]

Traços lingüísticos

Iniciamos a análise dos extratos transcritos pelo título: *Différences Culturelles*. Supomos que, neste momento, houve a intervenção do professor, visto que foi escrito corretamente pelo aluno. Apresenta contraste com o texto que contém muitos erros.

A interferência da LM está bem marcada no primeiro parágrafo, pois detectamos a ausência do sujeito. Trata-se de uma transposição do tipo gramatical. Na língua portuguesa podem-se elaborar frases sem a presença do pronome sujeito, não constituindo essa situação um empecilho para a comunicação; já em francês, esse fato constitui um erro e um entrave para a comunicação. Acreditamos que esse tipo de estratégia de alternância possibilita uma aproximação lingüística que, segundo Py, facilita a interação:

> Existe *beacoup differences entre le Bresil e la France* (ligne 1)

A ausência do artigo partitivo novamente estabelece uma interferência da LM, pois em português ele não é usado:

> *Par exemple a la alimentation, nous mangeons plus le riz, baricot, frites, macarroni ils mange fromage.* (ligne 2)
>
> *Nous buvons bière, refrigerant e jus, et il buvons vin.* (ligne 3)

Outro traço importante consiste na transposição de gênero da LM para a LE, visto que em português a marca do feminino é feita pela vogal “a”:

---

9 Definida como a negociação de sentido, com ou sem simetria, e a participação de diversos atores sociais integrados em uma tomada de decisão comum a todos, sem ignorar as diferenças e os conflitos (SOUZA e SILVA, M.C.P., 1994).

> *À cause de la climat nous portons vêtements leger.* (ligne 5)
> *A France a até connu à cause de sa perfums...* (ligne 8).

O aluno também confunde a conjunção “e” com o verbo “est”. Dentro da proposta do *Projeto Bivalência*, tanto os professores de PLM quanto os de FLE poderão trabalhar esse tipo de alternância, ocorrendo a possibilidade de se introduzir a gramática aplicada para explicar as diferenças existentes entre os dois termos:

> *Le Bresil et connu pour samba e la France a connu pour le can can.* (ligne5)

No extrato abaixo, podemos constatar que o aluno escreve a frase da maneira como ele a ouve. Não reconhecendo a marca do plural na fala, escreve o pronome e o verbo ora no singular ora no plural, sem se preocupar com a concordância entre ambos:

> [...] *ils mange fromage.* (ligne 2)
> *et ils portons vetements leur.* (ligne 6)
> *et il buvons vin.* (ligne 3)
> *La fin de semaine nous mangeon Barbecue.* (ligne 4)

Entretanto, em relação ao verbo “aller”, o aluno percebe a diferença que existe entre a 3ª pessoa do singular e a 3ª do plural na fala, pois em português temos a mesma estrutura. Desta forma, a transferência se opera automaticamente:

> [...] *il vont au theatre.* (ligne 4)

Por analogia, ao utilizar o verbo abaixo, o aluno supõe que as terminações “ont” e “ons” dos verbos são semelhantes, visto que, na fala, não houve diferença entre os fonemas:

> *il vont au theatre.* (ligne 4)
> *et ils portons vetements leur* (ligne 6)
> *et il buvons vin.(ligne 3)*

Outras estruturas da linguagem oral foram também transcritas, sem que houvesse a preocupação com as regras da escrita. Este tipo de estratégia favorece a interação. Podemos notar que os tipos de alternância detectadas constituem tentativas de aproximação entre as duas línguas:

> *Notre sport favorit et football, d'eut et le tennis.* (ligne 5)
> *A France aeté connu à cause de sa perfums.* (ligne 8)
> [...] *et ils portons vetements lour.*

As ausências de acento gráfico são também uma característica de alternância da LM para a LE, pois palavras tais como *théâtre, différences, Brésil, vêtements,* não são acentuados em português:

> *et ils vont au theatre.* (ligne 4)
> Existe beacoup differences entre le Bresil e la France. (ligne 1)
> *nous portons vetements leger.*

As análises acima efetuadas evidenciam as tentativas de aproximação lingüística com a LM durante o aprendizado de FLE.

Traços culturais

É preciso que o professor leve em consideração os aspectos culturais de um povo como determinantes de significado para que os objetivos do processo de ensino/aprendizagem sejam atingidos. Caso contrário, corre-se o risco de se comprometer a aprendizagem, pois, os choques culturais são eminentes, principalmente no plano da comunicação (verbal ou escrita).

Em relação ao *corpus* selecionado, podemos constatar que o aluno estabelece três campos semânticos importantes para descrever os hábitos franceses e brasileiros: a alimentação, o lazer e o vestuário. No imaginário do aluno, percebemos que existe a concepção de que os franceses comem somente queijos e bebem vinho. É uma visão estereotipada, pois, no Brasil, as festas francesas mais conhecidas são as "Noites do queijo e do vinho":

> [...] *nous mangeon plus le riz, haricot, frites, macarroni ils mange fromage.* (ligne 2)
> *Nous buvons bière, refrigerant e jus, et il buvons vin.* (ligne 3)

Em relação ao lazer, o aluno imagina que todos os brasileiros gostam de futebol e todos os franceses gostam de tênis e de teatro.

> *La fin de semaine nous mangeon barbecue, et ils vont au theatre.* (ligne 3 et 4)
>
> *Notre sport favorit et football, d'eut et le tennis.* (ligne 5)
>
> *A France aeté connu à cause de sa perfums. Nous sommes connu pour football.* (ligne 8)

Uma outra visão estereotipada, já cristalizada no Brasil, é de que na França há sempre neve, enquanto que no Brasil só existe o verão:

> *À cause de la climat nous portons vetements leger, et ils portons vetements lour.* (ligne 5 et 6)

O professor de LE precisa ter consciência da importância dos aspectos culturais para o aprendizado de uma língua, pois, assim, poderá evitar que imagens fossilizadas estabeleçam situações de comunicação falsas.

O *CORPUS* EM UM CURSO DE FORMAÇÃO

Analisando o *corpus* abaixo, nós pretendemos ressaltar as alternâncias de linguagem encontradas em sala de aula e analisadas segundo critérios explicitados em Coste e Py. É preciso salientar que em um contexto específico como o curso de formação de professores, objetivamos despertar os acadêmicos, futuros professores de FLE e PLM, para a importância da alternância de uma e outra língua em sala de aula.

Alternâncias lingüísticas

Em um primeiro momento, vamos refletir sobre o trabalho de produção oral realizado em uma sala de aula. Os alunos já haviam efetuado pesquisas sobre os países francófonos e deveriam proceder, entre eles mesmos, a trocas das informações obtidas. Neste processo, eles recorrem a marcadores conversacionais, seja em LM, seja em LE, mas nota-se que pretendem sempre ter a aprovação do interlocutor, seja o professor ou os colegas de sala, empregando sistematicamente os marcadores "c'est" (o correspondente em francês ao "é") e "né"... (o correspondente em português do marcador em francês "n'est pas"), nas linhas 4 e 5. Os alunos buscam, no seu discurso, a aprovação dos enunciados e estabelecem alternâncias que nós podemos denominar de *alternâncias de confirmação*, encontradas entre as categorias que servem de suporte teórico para estas análises.

Em outro momento, os alunos fazem a tradução das palavras para se certificarem do significado das mesmas (linha 4, "céreals/cereais", linha 5 "fruits/frutas"), apesar da semelhança entre as duas línguas. Podemos dizer que, neste caso, eles utilizaram a *alternância de repetição* com a finalidade de construir uma escala a mais para aprender a LE. Neste mesmo diálogo, encontramos a alternância das palavras "*avec*" e "com" (linhas 4 e 5), com a mesma finalidade. Notamos que, neste caso, eles não pedem a aprovação do professor porque pretendem formular o seu próprio ponto de vista. Então, os alunos empregam as palavras sem prestar atenção se estão em português ou em francês.

Extrato do diálogo[10]:

1- P: *Qu'est-ce que vous savez sur le Maroc?*

2- E1: *... la capitale du Maroc, c'est... Rabat et... la ville principal? C'est...Marrakesh?*

3- P: *C'est une des villes principales...*

4- E2: *... et l'agriculture com... céréals...cereais, né?*

5- E1: *Les fruits citriques, frutas, né? Com... avec oranges*

6- P: *Le roi, il est un leader spirituel et temporel, qu'est-ce que c'est?*

7- E2: *Ah... c'est um líder religioso et politique, c'est ça?*

Na linha 11, nós vemos que o aluno confunde, geograficamente, a ilha da Grã-Bretanha e a região francesa da Bretanha.

---

[10] As abreviações significam: P=professor; El=aluno 1; E2=aluno 2.

Ele tenta se desculpar na língua que ele mais conhece (linha 13), sua LM, e, enquanto isso, ganha tempo para se lembrar da informação. Podemos classificar esta alternância na categoria de *alternância por defeito.*

> 08- P: *Vous connaissez un autre pays dont le chef temporel est aussi religieux?*
>
> 09 - E2: *Oui, l'Iran.*
>
> 10 - P: *Et un pays d'Europe, vous connaissez?*
>
> 11- E1: *La Bretagne...*
>
> 12- P: *Vous voulez dire la Grande Bretagne?*
>
> 13- E1 *Ah... Eu pensei e não consegui dizer, é a Grã-Bretanha... oui, l'Angleterre...*

Enquanto o aluno procede essas interferências, tenta organizar seu pensamento e lembrar-se de uma determinada informação e, então, ele fala em LM (linha 16). Isto caracteriza um processo de organização mental pelo qual a alternância funciona como um "ganho" de tempo para se chegar à asserção em LE. Este tipo pode ser chamado de *alternância de construção do saber.*

> 14- P: *Vous avez vu le film Casablanca à la télé?*
>
> 15- E1: *Oui, l'artiste est Marylin Monroe?*
>
> 16- E2: *Non, c'est pas elle... É aquela outra...*

Nós podemos notar que o aluno aproveita as semelhanças entre as duas línguas para tentar a construção do seu conhecimento. Na linha 19, ele emprega um verbo em português com a desinência dos verbos franceses, que podemos classificar como *alternância de aprendizagem:*

> 17-E1: *Ils parlent français...*
>
> 18-P: *Les montagnes Atlas, au Maroc. Vous savez pourquoi Atlas? Non? C'est un héros grec qui...*
>
> 19-E1: *Il segurait le monde.*
>
> 20-P: *Oui, il soutenait le ciel.*

Nesta parte, o aluno continua a empregar a *alternância de aprendizagem*, desta vez, utilizando uma palavra, talvez desconhecida, mas cuja forma em LM foi transportada para a LE (linha 22 "commerciant" no lugar de "commerçant").

> 21-E2: *Quelle est la profession principale des habitants du Maroc?*
>
> 22-E1: *C'est commerciant.*
>
> 23-E2: *Oui, c'est ça commerçant.*

Após o diálogo, o professor chama a atenção dos alunos para as alternâncias colocadas em prática durante a conversação. Todos os alunos da sala formularam hipóteses sobre os exemplos e o professor aproveitou para evidenciar os procedimentos dos alunos, mostrando a importância da LM na aquisição da LE.

Alternâncias culturais

Em um outro extrato, nós deixamos de lado as transferências lingüísticas dos alunos para nos determos sobre os pontos culturais considerados importantes no processo de ensino/aprendizagem de LE. O professor pediu aos alunos que trabalhassem em grupos de dois e desenvolvessem diálogos de situações da vida quotidiana (na padaria, no açougue, etc).

Extrato de um diálogo: "*A la boulangerie*"

> E1: *S'il vous plaît, madame, je voudrais une baguette, 1 kilo de farine et une demi-douzaine d'oeufs.*
>
> E2: *Voilà la baguette, la farine et les oeufs.*
>
> E1: *C'est combien?*
>
> E2: *Ça fait 18 francs.*
>
> E1: *Voilà, merci. Au revoir.*

Esta encenação foi muito bem compreendida pelos alunos. Todavia, o professor interveio para dar explicações do ponto de vista cultural, como:

a) os atos de fala: saudar e estabelecer contatos com alguém na França e no Brasil;

b) as situações da vida quotidiana, segundo os diferentes contextos sociais.

Primeiramente, os alunos refletiram sobre a maneira como se efetiva a saudação no Brasil, as expressões utilizadas para entrar em contato com o interlocutor e seus significados em francês. Os alunos notaram bem que, no Brasil, diferentemente do que se passa na França, no momento de entrar em contato, as pessoas não dizem *bonjour* (bom dia*),* mas utilizam a expressão *por favor* (*s'il vous plaît*), de forma direta. Em seguida, o professor procedeu à escuta de algumas gravações para que os alunos pudessem notar quais são as palavras ou expressões utilizadas nas mesmas situações, na França. Depois de efetuada a análise, a classe refletiu sobre as semelhanças e diferenças entre a saudação no Brasil e na França, sobre as diferentes situações da vida quotidiana, os tipos de padarias e os produtos comercializados nos dois contextos.

Finalmente, os alunos refletiram, também, sobre o texto do diálogo elaborado em sala de aula e chegaram à conclusão de que, apesar da correção lingüística e gramatical, o texto não seria compreendido na França por causa dos falsos componentes que foram levantados, que poderiam estabelecer a ruptura na compreensão da mensagem. Conseqüentemente, os interlocutores não levariam a bom termo a conversação e nem alcançariam os objetivos propostos no diálogo.

Após os comentários sobre as diferenças e semelhanças que existem entre os dois povos e sobre a necessidade de conhecer o contexto sociocultural do povo da língua alvo, o professor pediu aos alunos que reescrevessem o diálogo prestando atenção aos pontos culturais levantados em sala de aula:

Extrato do diálogo refeito: "*A la boulangerie*"

E1: *Bonjour madame.*

E2: *Bonjour.*

E1: *Je voudrais une baguette et un pain de campagne, s'il vous plaît.*

E2: *Vous voulez le pain de campagne coupé en tranches?*

E1: *Oui, merci*

E2: *Voilà, et en plus?*

E1: *C'est tout, merci. Ça fait combien?*

E2: *Ça fait 18 francs.*

E1: *Voilà madame. Merci beaucoup. Au revoir.*

E2: *Au revoir.*

As reflexões realizadas em sala de aula tornaram os futuros professores conscientes da importância dos componentes socioculturais no ensino/aprendizagem de uma língua estrangeira, já que a inobservância dos mesmos pode tornar a mensagem incompreensível.

Algumas propostas de trabalho

A partir do trabalho de pesquisa e análise dos dados, pudemos constatar que há dois momentos diferentes a serem evidenciados: primeiramente, são as propostas fundamentadas sobre uma prática de sala de aula realizada de maneira inconsciente, e em seguida, as propostas sobre um trabalho consciente no curso de formação de professores nas universidades brasileiras.

Na sala de aula

As alternâncias dos dados encontrados no *corpus* da sala de aula dos alunos iniciantes permitem algumas propostas, cujos resultados podem ser muito positivos:

a) os dois professores (de FLE e de PLM) podem buscar soluções conjuntas a partir dos elementos relevantes evidenciados, que possam estabelecer qual nível de progressão deve ser aplicado durante o ano escolar, tendo como ponto de partida os programas oficiais previstos;

b) eles podem, também, recorrer aos traços culturais encontrados, como um instrumento que poderá servir como ponto de apoio para abordar a língua alvo. Os professores devem prestar atenção para não permitir uma transferência errada concernente ao campo léxico, o que pode fossilizar os erros. O fato de ter consciência deste tipo de mecanismo de alternância pode se constituir em um meio muito eficaz para se fixar a forma correta de se ensinar as duas línguas;

c) os professores devem estar conscientes que, embora os alunos cometam faltas, não podemos cortar-lhes a palavra ou mesmo o pensamento, durante a atividade oral ou escrita, porque isto criará uma barreira mental que poderá impedi-los de aprender a língua alvo;

d) os professores devem ter consciência de que, durante uma aula de língua, não é possível dissociar língua de cultura porque elas se constituem em um processo intrínseco que deve ser controlado, mas nunca refutado, já que esta associação pode se tornar um rico mecanismo de aprendizagem de LM e LE.

Concluindo, nós pudemos constatar que as principais alternâncias encontradas em sala de aula, no nível iniciante, estão relacionadas à transposição de PLM/FLE como estratégias de aproximação lingüística que, segundo PY, facilitam a interação. Nós vimos, também, que devemos valorizar os aspectos culturais que tornam a compreensão mais rica e motivadora, na medida em que facilitam a compreensão das estruturas formais da LE, tendo como recurso a LM. Neste caso, nos parece importante que os professores tenham consciência deste processo, porque da parte do aluno, ele está seguramente inconsciente e, atrás desta operação mental, há todo um jogo de comunicação muito positivo para o ensino/aprendizagem da LE. Enfim, podemos concluir que é preciso sempre haver uma via de comunicação direta entre os professores de PLM de FLE, para melhor definir os procedimentos pedagógicos em sala de aula.

Em sala de aula dos cursos de formação

Neste momento, é importante estabelecer algumas reflexões concernentes ao curso de formação de professores no

Brasil. Se propomos aulas de FLE e de PLM fundamentadas sobre a importância da alternância de língua entre a LE e a LM dos alunos, supomos que seja preciso tornar evidente um trabalho consciente desenvolvido neste domínio, na universidade, sobre os temas suscitados pelo *Projeto Bivalência*, nos diferentes aspectos. A reflexão consciente pode favorecer as modificações didático-metodológicas nas salas de aula e resultar em transformações qualitativas no processo de construção do conhecimento. Trata-se, pois, de tornar o futuro professor consciente não somente do ato de ensinar, mas também do ato de aprender. O *Projeto Bivalência*, tendo como objetivo a interrelação LM/LE, pode favorecer o desenvolvimento de pesquisas em sala de aula e, conseqüentemente, favorecer progressos da lingüística aplicada ao ensino de línguas.

Segundo Moita Lopes (1996, p. 31), é preciso "envolver os pesquisadores de LE com tópicos de pesquisa em LM. No momento, a polarização é tal que a Lingüística Aplicada no Brasil é freqüentemente equacionada com pesquisa em LE enquanto a pesquisa em LM é normalmente vista como a área de pesquisadores em lingüística."

A partir de um trabalho neste domínio na universidade, pode-se ter, nas salas de aula na escola, professores mais abertos à alternância, à pesquisa e às possibilidades de transformações qualitativas, contanto que eles tenham, efetivamente, feito a experiência reflexiva nas salas de aula de língua do curso de formação de professores.

Como membros da Comissão Nacional de Coordenação e de Reflexão sobre o *Projeto Bivalência*, nós procuramos trabalhar nesta direção, na Universidade. Tendo como alvo a reintrodução dos cursos de FLE na rede pública brasileira e a transformação consciente do desempenho do professor em sala de aula, nós pretendemos favorecer o desenvolvimento do futuro professor de línguas com o objetivo de tornar mais rico e mais motivador o processo de ensino/aprendizagem.

Considerações finais

Na medida em que desenvolvemos reflexões sobre as duas perspectivas acima relatadas como pontos de entrada no processo de ensino/aprendizagem, percebemos que não podemos deixar de lado, no contexto brasileiro, os aspectos culturais que nelas estão implicados. Sugerimos que as questões relativas a estes aspectos sejam colocadas em evidência e ressaltadas, como suporte, para o desencadeamento e o desenvolvimento dos cursos de FLE no Brasil, em razão de sua importância para a compreensão da mensagem e para a efetiva interação da linguagem.

UMA DIDÁTICA DA ALTERNÂNCIA PARA APRENDER MELHOR?

Danièle Moore
ENS Lettres et Sciences Humaines, Lyon/France

(Tradução de Eliana Lessa Pesa/UFRGS
e Rosa Maria de Oliveira Graça/UFRGS)

Entre os adeptos do "tudo em LE" e os defensores do "apoio na LM", a questão do papel e do lugar da língua materna na aula de língua estrangeira continua alimentando um profundo debate, já antigo e de aspectos diversos (Van Lier, 1995). De um lado, estamos claramente em uma concepção de aprendizagem facilitada pelo contato com a língua-alvo em condições que melhor se aproximem das condições ditas naturais de aquisição das línguas. Essas posições têm como argumento, entre outros, o esforço de expor o aluno à língua estrangeira, tendo como modelo a criança que adquire sua língua materna, fornecendo-lhe dados de linguagem já selecionados e ordenados para acelerar a aprendizagem. De outro lado, entre os defensores do recurso à LM, os desníveis entre as aprendizagens nas duas línguas são não somente levados em conta, mas servem de apoio na construção de novas competências. É necessário apoiar-se no sistema lingüístico de que o aluno já dispõe, partir do conhecido e aproveitar-se de sua perícia lingüística, nova e ainda em fase de construção, para levá-lo a refletir sobre a linguagem e seu funcionamento, de maneira a afinar, polir e tornar mais complexas as estratégias de aprendizagem postas à sua disposição.

Seria vão pensar, certamente, que as posições estão divididas entre um campo e outro e que todos os níveis de imbricações se observam. Há mais de 20 anos, os pesquisadores (Coste, 1993; Dabène, 1992; Hawkins, 1985; Roulet, 1980, 1985 e muitos outros) evocam os malefícios da separação excessiva entre as didáticas e os ensinamentos da língua materna e os de línguas estrangeiras; propõem indicações para uma integração das disciplinas a partir de modelos de desenvolvimento das capacidades de linguagem em línguas materna e estrangeiras apoiadas nos repertórios dos alunos, na necessidade de recorrer às condutas de reflexão translingüística na facilitação das passagens de uma língua à outra. Nesse sentido, é, efetivamente, uma didática da alternância, em uma perspectiva de integração das aprendizagens, que parece ser aqui o desafio da reflexão metodológica.

Algumas questões teóricas em torno do papel da L1 na aquisição da L2

Como lembra Klein (1989, p. 34), se existe uma grande variedade de métodos para influenciar o processo de aquisição, dois pontos essenciais diferenciam as opções de intervenção didática: as escolhas metodológicas que modelam a maneira de apresentar os materiais da língua-alvo ao aluno e as possibilidades que lhe são oferecidas para utilizar o repertório de que ele dispõe em dado momento. Nós gostaríamos de acrescentar que estes dois pontos estão estreitamente ligados e interdependentes e que o recurso ao repertório do aluno recobre tanto a possibilidade de se apoiar na língua materna quanto a possibilidade de se apoiar no conhecimento de outras línguas. Os papéis e *status* da primeira língua na aquisição ou emprego de uma segunda língua colocam algumas das principais questões teóricas da concepção da aprendizagem, em particular em torno da questão da legitimidade lingüística e interacional das transferências (Py, 1992).

Se a hipótese contrastiva na sua versão mais forte não é realmente mais sustentada por ninguém, é inegável que o conhecimento que o aluno tem de sua língua e as representações que ele elabora da distância entre seu próprio sistema lingüístico e o sistema-alvo influenciam a maneira pela qual ele apreende os dados lingüísticos e aprende a nova língua, notadamente na maneira como ele trata as zonas de opacidade e transparência entre as línguas em contato (Kellermann, 1979; Véronique, 1990; Dabène, 1996). Uma concepção mais dinâmica da transferência, que deixamos de considerar como a simples conseqüência da formação de hábitos lingüísticos (Odlin, 1989, p. 25), e um melhor conhecimento dos processos em jogo na construção dos repertórios em situação de contato, graças, certamente, aos trabalhos sobre aquisição (Véronique, 1990), mas também graças aos trabalhos sobre bilingüismo (Py, 1992), provocam uma reformulação importante dos questionamentos que cercam o lugar e a influência da língua materna nas novas aprendizagens. Particularmente, o fato de que o desencadeamento da transferência não está forçosamente ligado à única presença de superposições parciais entre os sistemas em contato, mas que pode fazer surgir estratégias do aluno para resolver dificuldades de aprendizagem ou de comunicação. O aluno, de vítima das relações entre L1 e L2, volta a ser, nesse sentido, ator de sua própria aprendizagem, podendo recorrer à L1 de acordo com suas necessidades (Py, 1992). Também Dabène (1996, p. 397) observa "que a influência da língua materna não se limita a permitir aos sujeitos apoiar-se em um certo número de âncoras lexicais; ela os dota de um certo número de ferramentas heurísticas com caráter metalinguístico utilizáveis ao longo do percurso de decifração". Esses recursos que o aluno, sobretudo quando conta somente com uma língua de referência, tende a elevar ao nível de regras universais (Dabene, 1996) permitem-lhe, em um primeiro momento, aproximar-se de outros sistemas lingüísticos e, no caso de línguas vizinhas, operar generalizações abusivas estatisticamente verdadeiras (Degache, 1996). Ao mesmo tempo, é justamente a exploração de várias línguas e o apoio em condutas comparativas que vão permitir que se operem os distanciamentos necessários e a relativização da posição do sistema materno em relação ao sistema estrangeiro (Cain e Briane, 1996). Assim, a exposição múltipla a funcionamentos lingüísticos diversificados favorece a capacidade de estabelecimento de relações com aproximação mais ou menos exata, o que estimula a formulação de hipóteses e constitui um apoio eficaz para o acesso a certos funcionamentos de outros sistemas-alvo (Moore, 1998; Castellotti e Moore, 1999 a e b). Essas formas de alternâncias refletidas de apresentação das línguas aparecem, assim, como o fermento suscetível de relembrar e de reforçar as aprendizagens.

Quais os modos de alternância para encorajar as aprendizagens?

A alternância das línguas nas situações educativas de contatos entre as línguas, sejam esses contatos naturais ou suscitados, pode revestir-se de diferentes formas. No exemplo brasileiro, do qual tratamos aqui, visa-se ao estabelecimento de competências lingüísticas e de saberes transversais através do PLM e do FLE. Essa escolha repousa na formação bivalente dos professores e na vontade de otimizar tal formação. As questões que se apresentam, então, concernem aos meios didáticos disponíveis e às concepções de aprendizagem que servem de pano de fundo para essas orientações. O contexto do Brasil não é o das escolas bilíngües, como as que se podem encontrar na América do Norte ou na Europa, nem o das experiências integradas das línguas, tais como as que se praticam na Suíça e em outros países. Entretanto, certos modelos desenvolvidos em outros lugares apresentam diversas escolhas de alternância das línguas, e, claro, ainda que não possam ser totalmente transpostos (e isso não é, necessariamente, desejável); podem, evidentemente, trazer sólidas pistas para uma reflexão metodológica orientada na gestão dos lugares recíprocos da L1 e da L2 nos processos de ensino.

Alternar para aprender melhor?

A idéia de alternar as línguas para construir saberes, sejam eles lingüísticos ou não, apóia-se em diferentes esforços, como o esforço da economia (não se vai refazer em uma língua o que já se fez na outra) ou o da transferência das competências (que se agrega em parte ao da economia) (Coste, 1994). Sobretudo, as construções curriculares que sustentam seu trabalho na alternância racionalizada das línguas procuram utilizar a alternância para favorecer, entre os alunos, movimentos de distanciamento e de abstração que devem ajudá-los a estabelecer melhor a construção de conceitos.

A coexistência das línguas na construção curricular e na construção dos saberes constitui, então, uma forte escolha, apoiada na idéia de que o movimento necessário de abstração e de generalização, que acompanha toda a realização conceitual, se encontra favorecido quando essa exploração se faz através de duas línguas em vez de uma só[1]:

> [...] a coexistência de duas línguas num mesmo movimento alternativo de construção de conceitos, não somente pode contribuir para enriquecer estes últimos e torná-los autônomos em relação às palavras, mas, além disso, favorece um certo distanciamento reflexivo e contrastivo em relação a uma ou outra das línguas ativadas. (Coste e Pasquier, 1996, p. 16)

A reflexão conceitual que passaria pelo recurso alternado às línguas poderia favorecer um distanciamento entre o conceito e sua etiqueta, sua autonomização em relação à palavra, favorecer um distanciamento reflexivo e contrastivo em relação a uma ou outra das línguas ativadas. Esse tipo de trabalho exige uma efetivação de percepções metalingüísticas que se desenvolvem, assim, em complementaridade com a utilização comunicativa das duas línguas.

Encontramos esforços similares na confrontação das duas línguas para favorecer o estabelecimento de novos procedimentos

---

[1] As reflexões expostas aqui são amplamente exploradas, há muito tempo, no contexto *valdôtain*, onde a alternância das línguas constitui um verdadeiro princípio pedagógico que subtende as aprendizagens. A escolha operada é a de uma construção racional da alternância em função de tarefas específicas a serem realizadas, de modo a favorecer os processos de abstração necessários para a conceitualização.

mentais através de um duplo movimento de desconstrução e de reconstrução: desconstrução por abandono dos traços pertinentes válidos para a L1 e reconstrução por apropriação dos traços válidos para a L2 nas situações de sala de aula mais comuns. Assim, Cain, Briane et al (1996) propõem um ensino da civilização (no caso que lhes interessa, a civilização inglesa para jovens francófonos dos colégios e liceus) apoiado em uma atividade comparatista que visa a uma desestabilização dos estereótipos e à relativização da cultura materna, apresentando documentos que ofereçam uma certa opacidade cultural porque colocam em ação atitudes que forçam o aluno a um esforço de descentralização e de reajustamento.

Seguindo tais óticas, o francês não teria necessariamente (sempre) que ser ensinado como uma língua estrangeira, com métodos específicos (tais como os métodos comunicativos). Ele pode servir, da mesma maneira que a língua materna, para veicular os conceitos e os saberes novos, em um movimento de alternância planejado em função das tarefas a serem realizadas, dos documentos propostos para estudo e não somente em função dos horários específicos ou matérias particulares. Assim, se certas tarefas podem indiferentemente ser construídas em língua materna ou em francês (por exemplo, fazer um desenho pode servir para revisar as cores em francês, mas pode, também, de igual forma, se realizar em LM), a leitura de um texto autêntico "científico" em francês (texto destinado a um público francófono da mesma idade) é produto de uma escolha didática enquanto que outras atividades, como uma entrevista para recolher informações junto a um artesão, não podem ser desenvolvidas senão na língua deste, ainda que possamos imaginar que a coleta das informações dê lugar, posteriormente, à reformulação e à ordenação na língua estrangeira, o francês[2].

A questão da alternância racional das línguas está baseada na execução de atividades suscetíveis de favorecer a passagem

---

[2] Para pistas metodológicas detalhadas, cf. *L'École Valdôtaine*, 14, 1988.

para a conceituação de saberes que o aluno já tem, de tirá-los da obscuridade, tornando-os objeto de reflexão, e, eventualmente, aprender a apoiar-se neles para a apreensão de outros contextos lingüísticos. O desenvolvimento dos conhecimentos metalingüísticos não é aqui o objeto final do trabalho. Ele deve permitir o estabelecimento de processos de facilitação na construção de saberes lingüísticos potencialmente transferíveis de uma língua à outra.

Da mesma maneira, outros trabalhos desenvolvidos em outras situações utilizam uma gestão racionalizada da apresentação alternada de diferentes línguas, ou *corpus* de línguas, para visar à construção, pelos alunos, de competências que ultrapassam o âmbito de uma língua ou de outra e facilitar-lhes as passagens entre as diferentes aprendizagens. Os trabalhos desenvolvidos pela equipe Galatea, por exemplo (ELA 104, 1996) ou EuRom4 (*Le Français dans le Monde*, 1997) buscam identificar as bases sobre as quais se estabelecem e são tratadas as relações analógicas entre as línguas tipologicamente aparentadas e questionam os meios de valorizar a intercompreensão entre as línguas românicas, notadamente através do desenvolvimento de instrumentos e de dispositivos de ajuda de natureza translingüística. Dispositivos de ensino assim orientados em uma otimização didática da proximidade interlingüística devem, em particular, permitir a valorização da perícia dos alunos dandolhes a ocasião de se servir de suas competências lingüísticas e de pôr à prova suas intuições sobre a linguagem e os meios de transferir suas competências de um contexto para outro. Destacaremos ainda aqui, que o desenvolvimento de conhecimentos metalingüísticos não constitui em si mesmo um objetivo. Ele permite a construção de competências transversais que podem ser reativadas para facilitar uma aprendizagem lingüística almejada e manipular as línguas, para melhor conhecer a sua e melhor compreender e aprender as outras.

De fato, se as atividades de metalinguagem parecem constantemente presentes, basta, para a sua verbalização, que elas se apóiem nas práticas de linguagem comuns ou sejam fabricadas para a ocasião. Ao mesmo tempo, a situação de sala de aula, reservada às atividades de reflexão sobre a linguagem, pode ser o lugar privilegiado de uma reflexão em comum sobre a metalinguagem da língua 1 (L1) e da língua 2 (L2) (três, etc.), de explicitação e de harmonização das terminologias (entre línguas, mas também no interior da língua), da metalíngua em L1, podendo trazer um esclarecimento para certos aspectos do funcionamento em L2 e vice-versa. Para exemplificar, Nagy (1993) propõe, através da observação de *corpus* oriundos das produções dos próprios alunos, utilizar a intuição e os conhecimentos potenciais dos alunos com o intuito de direcioná-los para a distinção entre tempo de conjugação e tempo de fenômeno. Poder dominar os conceitos em L1 deve conduzir os alunos a manipulá-los melhor em L2. Da mesma forma, Bourguignon (1993, p. 105) insiste no "papel construtivo e tranqüilizador da reflexão metalingüística sobre a língua materna como preliminar para a integração de uma noção nova em língua estrangeira" sem que, no entanto, essas considerações predeterminem que é forçosamente necessário que a L1 seja a primeira língua de apresentação dos novos saberes. O vocabulário utilizado não é certamente desprovido de importância, mas é sobretudo o saber-fazer engajado que parece dever concentrar os esforços no projeto e no progresso de aprendizagem. Que se trate de explorar os meios de uma didatização da intercompreensão entre locutores de línguas vizinhas, interessando-se pela gestão pedagógica das similitudes, ou apostar sobretudo nos contrastes para favorecer a reflexão translingüística (Moore e Castelotti, texto a ser publicado), vê-se bem como, no contexto brasileiro, tais trabalhos e propostas didáticas podem encontrar eco no trabalho dos professores diretamente implicados com o trabalho de sala de aula.

As alternâncias nos processos de apropriação

Parece fútil interrogar-se sobre o estabelecimento de seqüências alternadas de aprendizagem, apoiadas em uma língua ou outra, em uma perspectiva integrada, e não se preocupar com a questão das relações entre as línguas no âmbito mesmo das seqüências didáticas postas em execução e, mais particularmente, no nível dos enunciados.

Nós não retomaremos o fato de que os estudos da influência da língua materna na aprendizagem de uma língua estrangeira, inscritos nas visões herméticas da construção da linguagem pelo aluno, contribuíram muito para compartimentar excessivamente aprendizagens lingüísticas. Uma perspectiva fundamentalmente monolíngüe conduziu, na realidade, os lingüistas da aquisição e especialistas em didática, num primeiro momento, a pensar as relações entre L1 e L2 como essencialmente parasitárias e a considerar o aluno como um monolíngüe de L1 a quem se pediria (também) que se tornasse monolíngüe em L2. Os numerosos trabalhos, ao mesmo tempo sobre as construções do plurilingüismo (Py, 1992) e sobre as construções curriculares das competências plurilíngües (Dabène, 1995; Coste, Moore e Zarate, 1997), contribuíram amplamente para abandonar essa visão muito fragmentada da competência lingüística.

Uma das conseqüências dessa mudança de perspectiva é a reabilitação do papel da língua materna na construção das aprendizagens na língua alvo, as marcas transcódicas[3] observáveis nas formulações em língua estrangeira dos alunos deixando de ser necessariamente interpretadas de maneira negativa, como "erros", lacunas a completar ou equívocos a corrigir (Moore *et* Py, 1995). As alternâncias dentro dos enunciados são doravante mais discutidas de acordo com o tipo de articulação entre L1 e L2 que elas revelam e as funções que elas ocupam na construção do discurso e no desenvolvimento da comunicação.

Numerosos trabalhos[4] se debruçaram, nos últimos anos, sobre a análise de seqüências alternadas nos enunciados

---

[3] Lembrando que as marcas transcódicas designam qualquer traço discursivo, percebido e tratado como tal, da presença de uma segunda língua no repertório verbal.

[4] Cf. por exemplo os números especiais das seguintes revistas: *Études de Linguistique Appliquée*, 108, 1998; Lidil, 18, 1998; Plurilinguismes, 14, 1998; *Cahiers du Français Contemporain*, 5, 1999.

produzidos por professores e alunos. Pôde-se notar que seqüências aparentemente análogas desempenhavam papéis muito diferentes, em função de estarem ou não imediatamente voltadas para a aquisição (Moore, 1996). A observação das alternâncias nos discursos revela, junto aos alunos, ao mesmo tempo *competências de tipo gramatical*, pela capacidade de introduzir um elemento da língua de origem em um enunciado produzido na língua-alvo sem destruir-lhe a estrutura sintática; *competências comunicativas*, pela manutenção do contato e o prosseguimento da conversação; e *competências de aprendizagem*, já que a troca de língua é também um meio eficaz para suscitar a ajuda do locutor mais competente. Pekarek (1999, p. 136-137) insiste mais particularmente nas capacidades interativas e discursivas que os alunos utilizam quando recorrem às alternâncias e considera, então, as alternâncias como um elemento funcional no desenvolvimento de um repertório de linguagem diversificado e a manifestação de um esboço de estratégias comunicativas bilíngües ou de uma prefiguração dessas estratégias.

Conclusão

Em meio a esses questionamentos gerais, vislumbramos algumas pistas para levar em conta aquisições em uma (ou mais) outra(s) línguas(s) para construir conhecimentos escolares, ilustrados por procedimentos apoiados na ou nas línguas das crianças, mas também em outras línguas (ver, por ex., Moore, 1998; Castelotti e Moore, 1999 a e b) que atingem o conjunto das atividades de sala de aula (história, geografia, ciências naturais...), através de um trabalho de conscientização e de comparação que se apóia na valorização e na reintegração da L1 nas aprendizagens.

As reflexões esboçadas neste artigo e trabalhadas com agentes da prática escolar no Brasil questionam as práticas de ensino de construções curriculares, revistas de modo a otimizar as relações entre o português e o francês nas aprendizagens.

A transversalidade se inscreve como uma opção central deste trabalho de apoio recíproco das línguas, em vários níveis:

I. uma transversalidade curricular: dentro de cada disciplina, através da realização de atividades de linguagem diversificadas e entre as diferentes disciplinas (em relação, notadamente, aos tipos de textos propostos ou às modalidades de trabalho privilegiadas);

II. uma transversalidade da língua, através de uma programação de intervenção que vai no sentido de uma economia cognitiva e que se apóia nos aportes que as diferentes disciplinas (as metodologias de LM e de LE, mas também de ciências naturais ou de matemática) podem intercambiar;

III. as passagens de uma língua à outra na aprendizagem das línguas, a construção de conhecimentos e os aspectos interacionais da comunicação.

Como já destacava Castellotti (1997 b), pode-se, evidentemente, continuar a ver cada uma dessas direções, de maneira independente, pelo seu interesse intrínseco em certos momentos precisos da aprendizagem. Mas na perspectiva de uma didática que se deseja realmente integrada, e com a sorte de se dispor de um terreno efervescente e rico de possibilidades, parece necessário, e mesmo imperativo, refletir sobre a integração de todas essas pistas (e sobre muitas outras) no interior de uma reflexão global da gestão das línguas na escola brasileira.

PRÁTICAS PEDAGÓGICAS INTEGRADAS DE LÍNGUAS E A ABORDAGEM DA GRAMÁTICA

Rosa Maria de Oliveira Graça
Universidade Federal do Rio Grande do Sul

Zélia Anita Viviani
Universidade Federal de Santa Catarina

A apresentação de um exemplo de prática pedagógica integrada no âmbito do tratamento didático da gramática implica também uma apresentação de algumas considerações de ordem teórica. Aqui, entretanto, pretendemos apresentá-las sucintamente, visto que, num outro artigo (Graça e Viviani, 1999), o conjunto dos fundamentos teóricos já foi explicitado. O presente artigo pode ser, então, considerado como um prolongamento – ou como uma exemplificação – do que havia sido sugerido no precedente. Inicialmente, apresentaremos alguns aspectos teóricos que serviram de base para a construção das aulas de PLM e de FLE, bem como a nossa concepção de *gramática* e de *integração*.

Fundamentos teóricos

Para o nosso trabalho de *bivalência* em equipe, adotamos a definição de gramática proposta por J.-P. Cuq, que se opõe, no nosso entender, à didática "tradicional": *"De um ponto de vista estritamente didático, pode-se denominar gramática:*

1. *O resultado da atividade heurística que permite ao aprendiz construir uma representação da língua que estuda.*
2. *A condução, pelo professor, dessa atividade, em função da representação metalinguística organizada que faz da língua que ensina.*" (1996, p. 41)

Entretanto, como há vários sentidos para a palavra *gramática* (manual didático ou disciplina escolar, regras prescritivas, modelos metalingüísticos, gramática interiorizada, etc.), é o contexto no qual ela se inscreve que definirá o sentido utilizado. Mas, a fim de evitar ambigüidade, empregaremos neste artigo "gramática" entre aspas quando se tratar de gramática "normativa" ou "tradicional", e, para nos referirmos à gramática interiorizada", isto é, aquela que construímos naturalmente ou, segundo H. Besse, aquela "que não se pode evitar quando se faz um uso apropriado da língua" (1984, p. 72), utilizaremos simplesmente gramática, sem aspas.

Quanto à *linguagem*, nós a concebemos como instrumento "d'interaction sociale", na ótica de M. Bakhtin, o que nos conduz necessariamente a uma concepção da aula de língua – ou de gramática – como lugar de troca e/ou de expressão verbal. Para isso, os procedimentos que apresentaremos buscam privilegiar o comunicativo (no sentido de enunciação), ou, segundo J.-L. Chiss e J. Filliolet, "as atividades autênticas de comunicação" (1986, p. 91), sem, no entanto, negligenciar o trabalho *sobre* a língua. Logo, não basta integrar as duas didáticas para um trabalho em *bivalência*; é importante, igualmente, integrar duas didáticas eficazes para que haja a interação verbal em aula.

Visto que partimos de uma concepção de gramática que supõe procedimentos pedagógicos em PLM e em FLE visando uma ação cooperativa, é necessário que as modalidades de aprendizagem sejam integradas. A abordagem comunicativa nos trouxe uma nova concepção metodológica centrada no aluno, o que demonstra "uma ausência de rigidez e uma leveza da progressão" (C. Tagliante, 1994, p. 34). Além disso, consideramos o processo de aprendizagem e as necessidades expressas pelo aluno, não ignorando seus conhecimentos anteriores. Ao longo dos últimos anos, observa-se um interesse pela aprendizagem de uma competência comunicativa cujos componentes variam segundo os autores. Tagliante (1994, p. 35) propõe uma análise sob a forma de quatro componentes:

o lingüístico, o sociolingüístico, o discursivo ou enunciativo e o estratégico. Este último inclui estratégias verbais e não-verbais que o aluno utiliza para enfrentar as dificuldades que se apresentam ao apropriar-se da língua ou ao tentar tornar mais eficaz o seu discurso. Isso demonstra não somente a complexidade da noção de competência comunicativa, mas também que a aprendizagem de uma língua é um processo ativo do qual "o indivíduo não apenas participa, mas é o ator principal" (Tagliante, 1994, p. 35).

O termo "integração" significa, portanto, para nosso trabalho em equipe, estratégias que devem ser mobilizadas conjuntamente em aula de PLM e de FLE. Essas estratégias são relativas aos procedimentos didáticos planejados conjuntamente para as aulas das duas línguas e não implicam uma centração em análise contrastiva, mesmo que, eventualmente, se possa lançar mão deste recurso. Embora considerando que as estratégias não são inseparáveis na maioria dos casos, nós as distinguimos em dois tipos: as estratégias *comuns*, isto é, aquelas que são idênticas nas duas línguas (mobilizadas para um mesmo tipo de produção, por exemplo, um texto escrito em PLM e FLE: uma carta, um convite, etc.) e as estratégias *complementares*, aquelas que contribuem para a compreensão ou para a realização do trabalho na outra língua.

Os planejamentos integrados

A escolha do item gramatical: os tempos do pretérito

Pressupondo-se, então, a necessidade de partir da língua contextualizada para chegar à reflexão sobre a língua, neste exemplo de trabalho, a equipe aproveitou a leitura da carta de Pero Vaz de Caminha – que estava prevista no programa de Português –, para utilizar esse documento como suporte para um trabalho de análise dos valores dos tempos do pretérito. Assim, as atividades de reflexão metalingüística (e também metacomunicativa) foram propostas após uma entrada que privilegiou a compreensão dos efeitos de sentido, isto é, a recepção do texto junto aos alunos.

As atividades sobre os tempos verbais para as duas aulas foram preparadas pela equipe levando-se em conta (além das concepções de *gramática*, de *linguagem* e de *integração* expostas mais acima) as dimensões mais específicas seguintes:

- fato de partir preferencialmente do sentido para a forma;
- a "necessidade" dos alunos: "os cursos de gramática de tipo explícito, que seguem uma conduta dedutiva, trazem ao aluno a informação metalingüística antes que ele tenha sentido a necessidade de compreender o funcionamento do elemento estudado." (C. Nagy, 1994, p. 67);
- estudo do funcionamento dos tempos do pretérito na sua realização, logo, um trabalho enunciativo sobre os tempos verbais: "[...] todo ato de discurso coloca em ação, simultânea e indissoluvelmente, relações de pessoa e a ancoragem em um espaço e um tempo determinados." (J.-L. Chiss e al., 1992, p. 14)
- a compreensão da expressão do pretérito como relações não somente entre os verbos, mas também entre estes e os outros indicadores de marcas temporais na organização textual: "A localização temporal dos acontecimentos não é assegurada apenas pelo verbo, mas resulta, com muita freqüência, das contribuições de toda a frase ou do texto." (Charaudeau, 1992, p. 291);
- a ambigüidade do termo *tempo*: "É indispensável, distinguir os dois 'tempos' possíveis, pois o tempo denotado e o tempo gramatical não coincidem necessariamente. Uma mesma época pode ser indicada por tempos verbais diferentes e, inversamente, um mesmo tempo verbal pode situar o processo em épocas diferentes." (Charaudeau, 1992, p. 289)
- levar em consideração simultaneamente o *modo*, o *tempo* e o *aspecto:* "Os 'tempos' por suas marcas específicas,

não veiculam apenas informações de ordem temporal e modal; eles exprimem também a maneira pela qual vemos o desenvolvimento do processo, seu modo de manifestação no tempo." (Maingueneau, 1994, p. 60)

Dos planejamentos da equipe bivalente às atividades da sala de aula

Que estratégias comuns e/ou complementares para um tratamento dos tempos verbais do pretérito? Inicialmente, se estabelecermos que o objetivo primeiro da língua é a comunicação, um estudo dos tempos verbais, tanto em LM quanto em LE, estará "au service" (J. Courtillon, 1998, p.29) da expressão. A compreensão do funcionamento do uso dos tempos, como é o caso deste planejamento, estará, portanto, a serviço do ato de narrar ou de compreender uma narração, por um lado; por outro lado, a entrada *leitura de uma narrativa* servirá à utilização dos tempos do pretérito.

Assim, para melhor desenvolver os processos de preparação das seqüências de atividades sobre os tempos verbais para os dois grupos, a equipe mista (ou *bivalente*) deve levar em conta o fato de que o estudo da "gramática" não é um fim em si mesmo, mas consiste em examinar os meios de que se dispõe para realizar um ato de comunicação verbal. Isso pode parecer evidente nos dias de hoje, após todas as contribuições, oriundas sobretudo da lingüística da enunciação (ou da pragmática), desde os anos 70; entretanto, se forem examinados os programas de PLM e de FLE elaborados pelos professores nas escolas – e mesmo na universidade – poder-se-á observar que a rubrica *objetivos* relaciona-se, geralmente, com conceitos de "gramática". Um exemplo, em programas de FLE: sob a rubrica *objetivos*, aparecem "les articles définis et indéfinis"; mais adiante, sob a mesma rubrica, pode-se ler "*le passé composé*" (que citamos porque é um item do trabalho aqui apresentado: "tempos verbais do pretérito"). O mesmo fenômeno pode ser constatado quando se analisam alguns programas de PLM. E mesmo se esses itens não são citados sob a rubrica *objetivos*, eles o são sob a rubrica *conteúdos programáticos* e, nesses casos, em geral, não há referência a objetivos. Podemos constatar um outro tipo de programa para PLM e para FLE: os que apresentam uma confusão entre conteúdos gramaticais e os objetivos comunicativos. Por exemplo, sob a rubrica *conteúdos:* "Os animais; os gêneros masculino e feminino". Neste último caso, observa-se que não há nem mesmo menção a atos de comunicação, mas uma mistura de léxico e de pontos precisos de "gramática".

Nosso objetivo neste trabalho não é o de analisar programas de PLM e FLE. Fazemos referência a essa questão para tentar mostrar que talvez já possamos perceber aí uma concepção tradicional da gramática (e da língua, se quisermos ir um pouco mais longe). É preciso então, primeiramente, discutir essa representação entre os professores da equipe, para que eles possam fazer o mesmo junto aos seus alunos mais tarde. Ao mesmo tempo, é preciso inverter o eixo do programa e compreender os itens gramaticais como "meios" e não como "objetivos". Somente a partir desta inversão, ao nosso ver, é que poderemos preparar atividades sobre os tempos verbais para as duas aulas – PLM e FLE.

A seguir, passaremos ao resumo das seqüências, esclarecendo, contudo, em primeiro lugar, que essas atividades são preparadas cuidadosamente, em detalhes, de acordo com as fichas elaboradas pela Comissão Nacional da Bivalência. Tendo em vista a impossibilidade de apresentar aqui essas fichas completas, tentaremos resumi-las, fazendo também uma exposição de como essas atividades realmente se desenvolveram em sala de aula.

O relato de viagem e os tempos do passado

Na escola onde aplicamos a *Bivalência*, havia no programa de português para a 1ª série do ensino médio um item de literatura: "Os primórdios da literatura brasileira". Aqui no

Brasil, como sabemos, o primeiro documento considerado com tal é a carta de Pero Vaz de Caminha, já citada. Para a aula de FLE (na mesma turma, porém não com o grupo inteiro), era necessário trabalhar a narração não exatamente em função do programa, mas, sobretudo, pela constatação de uma necessidade. Havendo essas duas questões a tratar, a equipe da *Bivalência* se pôs a preparar seqüências de atividades para as aulas das duas línguas.

A carta de Pero Vaz de Caminha a ser trabalhada no curso de PLM suscitou na equipe os primeiros questionamentos para a aproximação das duas didáticas: o que é uma carta, o que é um relato de viagem, que tipo de texto neles predomina (narrativo ou descritivo); quais são os meios lingüísticos utilizados em geral para se escrever esse tipo de documento? (os verbos e as expressões do passado, os adjetivos para a caracterização dos personagens, dos objetos e da região, etc.). Sendo o gênero de texto um diário de viagem, tínhamos, então, não apenas um exemplo do objetivo comunicativo (a narração), mas também um tema (viagem) que poderia servir de apoio para a contextualização.

Os procedimentos didáticos

As aulas da PLM

Para a primeira aula de português, a turma foi dividida em pequenos grupos. Cada grupo deveria imaginar uma viagem que teriam feito juntos a um lugar desconhecido. Um relator se encarregaria de contar a experiência através de uma carta endereçada a amigos. Concluído esse trabalho, cada grupo entregou sua carta a outro grupo. Este último, por sua vez, devia relatar para a turma o conteúdo da carta recebida. Para concluir essa seqüência de atividades, foi aberta uma discussão-reflexão, em grande círculo, sobre os seguintes itens: a carta que você recebeu era clara? continha descrições? para que servem? qual o tempo verbal empregado? etc. O professor conduziu os alunos à tomada de consciência e à utilização de uma metalinguagem apropriada em torno da questão central: para relatar um acontecimento – seja por escrito, seja oralmente –, utilizamos o pretérito perfeito e o imperfeito. Foram feitas reflexões a propósito do uso de um tempo e de outro, sempre do ponto de vista da enunciação. Aqui, o professor propôs aos diferentes grupos que procurassem, nas cartas que eles haviam recebido, exemplos concretos do uso dos dois tempos.

Na segunda etapa, os alunos receberam um trecho da carta de Pero Vaz de Caminha, onde ele conta, no "passado", o que os viajantes viram no primeiro dia que aqui chegaram e o que lhes acontecera. Primeiramente, os alunos leram o texto escrito em português da época para refletir e discutir sobre a evolução e as transformações da língua. Em seguida, foi realizada a leitura do mesmo texto, em português atual; os alunos exprimiram suas primeiras impressões sobre o texto (esta etapa-muito usada para a leitura em aulas de FLE – é importante, sobretudo, para a prática da oralidade em interação e, igualmente, para se partir do que os alunos têm a dizer, evitando-se assim a leitura única conduzida pelo professor).

Uma vez realizados esses primeiros passos, a turma se dispôs em grande círculo e o professor perguntou-lhes: que atividade vocês podem propor para este texto? (esta etapa pode talvez ilustrar a busca da autonomia e da reflexão sobre o processo de aprendizagem). A turma decidiu, entre outras propostas, realizar uma discussão-reflexão sobre o conteúdo e a forma da carta; examinaram-se, assim, os assuntos tratados quando da primeira etapa: a presença da narração no passado e, também, a descrição no passado; a literatura de informação ou de viagem, a importância documental do relato de viagem, etc. Aqui, o professor conduzia os alunos à descoberta e à compreensão de que esse texto não é uma ficção – como o relato de uma aventura imaginária, por exemplo –, mas, ao contrário, por tratar-se de uma aventura vivida, há certas características a serem observadas, como o relato em primeira pessoa, a descrição de sentimentos, etc.

Na terceira etapa da aula de PLM, deu-se continuidade ao relato de viagem. Cada grupo recebeu para leitura um fragmento de carta de um outro "viajante" da época. Depois, em grande círculo, cada equipe relatava o conteúdo do seu fragmento e falava de suas impressões: a língua, o estilo, os meios lingüísticos (os verbos, os tempos, os modalizadores, as caracterizações, etc.; enfim, tudo o que havia sido discutido e trabalhado anteriormente). Para terminar, cada grupo distribuiu seu texto ao restante da turma para leitura e confirmação do que haviam deduzido e exposto. Estas duas últimas atividades foram igualmente propostas pelos próprios alunos.

Podemos dizer, analisando essas atividades das aulas de português, que os alunos realizaram um trabalho oral ao relatar uma história lida; porém, a verdadeira prática da oralidade efetivou-se quando da reflexão em comum sobre o texto trabalhado, momento no qual se estabeleceu a real interação.

As aulas de FLE

Para as aulas de FLE, a equipe da *Bivalência* julgou preferível começar pelo oral. O professor pediu aos alunos que lhe relatassem o que haviam feito na aula de português nos dias precedentes. Um aluno relatou uma atividade, um outro continuou e assim por diante. Eis um exemplo: *"Le premier jour nous avons imaginé un voyage, nous avons écrit une lettre; puis nous avons raconté notre aventure et nous avons écouté celle des autres; nous avons aussi lu la lettre qu'ils avaient écrite."*

No final desta atividade, o professor pediu-lhes para dizer o "tempo" verbal utilizado para relatar esses feitos. A primeira resposta sendo *"le passé composé"*, o professor levou-os a refletir sobre esse emprego: "podemos dizer que o "passé composé" é um tempo do presente? Por quê? – *Porque nós contamos neste momento, quer dizer, no presente, nós refletimos sobre isto na aula de português".* Em seguida, o professor pediu a eles que relatassem o conteúdo da carta de Pero Vaz de Caminha. Eis o início da narração feita oralmente pelos alunos: *"Dans la lettre, il raconte* (observe-se que os alunos usaram o presente histórico) *qu'ils ont vu des indiens" [...]* e assim por diante.

Após esse "aquecimento"(ou reemprego do passado), o professor distribuiu o texto "L'aventure sportive" (extraído do manual Panorama I, CLE Internacional, 1998, p. 62) e propôs a seguinte atividade: "Leia o texto silenciosamente e em seguida prepare, em pequeno grupo, o relato desta história para transmitir pela rádio". Eis um exemplo de produção dos alunos: *"Mesdames et messieurs, bonsoir! Radio France a le plaisir de communiquer que Florence Artaud est arrivée hier soir au port de Pointe-à-Pitre où des milliers de curieux et d'admirateurs l'attendaient. La jeune femme était fatiguée mais souriante et heureuse d'être arrivée la première dans la 'Route du Rhum', la célèbre traversée de l'Atlantique à la voile."*

Nesta atividade, ao invés de "ler o texto em voz alta", os alunos "disseram" o texto, o que exemplifica, ao nosso ver, não somente a interação, mas também a diferença entre *ler* e *dizer.*

Na segunda etapa, os alunos trabalharam a partir do texto "Une exploratrice française" (Panorama I, 1998, p. 63). Após uma leitura silenciosa, o professor convidou-os a contar as aventuras do personagem utilizando os "tempos" do pretérito (o texto está no presente histórico). Nesse momento, os alunos disseram que não haviam compreendido tudo, ao que o professor aconselhou que contassem somente o que haviam entendido. Com isto, a compreensão do texto foi sendo construída à medida que eles contavam, já que a narração de um colega esclarecia e completava a do outro. Essa atividade permitiu a reflexão sobre o valor dos tempos: o presente histórico tem o mesmo valor do passado. É um exercício bem diferente do que normalmente se pede aos alunos, como o de "reescrever o texto no passado": primeiramente, porque eles o fizeram oralmente; em segundo lugar, não se trata de transformar um texto que está no presente para o *passado*, mas de utilizar o mesmo tempo extralingüístico empregando diferentes "tempos" verbais. Ao nosso ver, o exercício no qual se pede para reescrever o texto em outro tempo pode destruir a compreensão do ponto de vista da enunciação, pelo fato de se transformar um texto somente como exercício gramatical (formal). Pensamos que é melhor fazer um exercício de reemprego "real", onde o aluno pode, além de interagir com o texto, colocar-se também como enunciador.

Para a terceira etapa, a atividade sugerida foi a seguinte: *"Tu es français(e) et tu voyages au Brésil de nos jours; tu es arrivé(e) il y a quelques jours et tu écris à tes parents en racontant ton premier jour dans ce pays: ce que tu as vu, ce qui est arrivé et ce que tu as fait."*

Conclusão

Na perspectiva de uma abordagem interativa, visando sobretudo o comunicativo (sempre no sentido de enunciação), o tratamento da gramática põe em prática capacidades cognitivas importantes: a observação, a reflexão e a análise de certos elementos lingüísticos contextualizados. Os procedimentos pedagógicos realizados levaram o aluno à descoberta do funcionamento da língua tanto em PLM quanto em FLE. Segundo Tagliante (1994), trata-se de exercícios de *conceptualisation* (ver também C. Nagy, 1994).

É preciso ainda refletir sobre a noção de progressão, embora seja difícil estabelecer *a priori* um itinerário modelo de aprendizagem. É evidente que o professor é o responsável pela escolha dos elementos a privilegiar em uma seqüência pedagógica. Entretanto, a ordenação desses elementos associada a uma estratégia adequada é também fundamental. Tagliante (1994) afirma que "la présence ou l'absence de stratégies d'apprentissage", entre outros parâmetros, é essencial na relação entre progressão escolhida/progresso dos alunos. A escolha das estratégias comuns e/ou complementares se apresenta, portanto, muito importante. Nos exemplos de atividades expostas mais acima, viu-se que as seqüências de FLE terminam com a mesma estratégia utilizada em PLM. Isso já pode nos mostrar pelo menos duas evidências: a contribuição da aula de LM em termos de estratégias *complementares* e a impossibilidade da prática de certas atividades, sobretudo no uso da LE, se os alunos não adquirem previamente os meios lingüísticos necessários. Quanto à "conceitualização", ou seja, o trabalho metalingüístico, como o aluno já domina a sua língua materna, ele conhece as formas lingüísticas que são o objeto de reflexão nas aulas de PLM. Trata-se, então, de propor atividades nas quais ele possa associar esses elementos com os efeitos de sentido produzidos – o uso da língua e a metalinguagem gramatical concernente aos enunciados estudados. Por outro lado, em Língua Estrangeira, geralmente tudo está ainda para ser feito. Parece-nos, então, que a integração das práticas pedagógicas de FLE e de PLM pressupõe um movimento equilibrado entre o novo e o conhecido. As aulas de FLE podem tirar muito proveito dos conceitos gramaticais (em termos de enunciação) já adquiridos nas aulas de PLM, o que caracteriza nitidamente o caráter de complementaridade sobre o qual insistimos aqui. Se o aluno traz para a aula de FLE uma "conceitualização" sobre os tempos do pretérito e um mínimo de metalinguagem – como no exemplo apresentado neste artigo –, a aquisição dos conhecimentos de linguagem poderá se fazer, evidentemente, de maneira mais rápida e mais eficaz.

As aulas de FLE, tendo um caráter mais comunicativo, propõem procedimentos didáticos mais centrados no sentido, enquanto que em PLM, os professores geralmente dão mais ênfase ao estudo da forma. Desta vez, trata-se do papel da LE, que pode, no contexto de uma integração em *bivalência*, contribuir para a recuperação da oralidade nas aulas de português, seja em situações comunicativas, seja em atividades de reflexão centradas em valores enunciativos. Dessa maneira, esta complementaridade entre as duas didáticas – resultado dos esforços da equipe de professores de FLE e de PLM – poderá conduzir mais facilmente a um equilíbrio entre o trabalho *na* língua e *sobre* a língua.

Em resumo, no que concerne ao tratamento dos conhecimentos gramaticais, parece que a integração das didáticas de FLE e de PLM está baseada num princípio fundamental: a contextualização da língua em amostragens lingüísticas suficientemente ricas e variadas, para que a reflexão metalingüística se faça de maneira coerente, respeitando-se as capacidades cognitivas e as aquisições dos alunos, mobilizados por uma prática pedagógica na qual as estratégias de aprendizagem sejam tratadas de maneira complementar.

REFLEXÕES SOBRE A PROGRESSÃO NO ÂMBITO DO *PROJETO BIVALÊNCIA*[1]

Ceres Leite Prado
Universidade Federal de Minas Gerais

Militza Bakich Putziger
Colégio de Aplicação da Universidade
Federal do Rio de Janeiro

Ana Maria Lucena Vianna Santos
Secretaria Municipal de Educação do Rio de Janeiro

Uma visão histórica do conceito

Os professores de uma língua estrangeira seguem sempre, consciente ou inconscientemente, uma progressão. É o que nos mostra Daniel COSTE, quando afirma que

> [...] todo ensino e toda aprendizagem, quaisquer que sejam os conteúdos, se desenvolvem no tempo segundo um processo que se ordena de um princípio em direção a um fim: a progressão, do começo ao fim, permite proceder numa certa ordem. (D.Coste, 1974, p. 5)

Para compreender a evolução da noção de progressão, é preciso, antes de mais nada, fazer algumas perguntas: A progressão foi sempre a questão central na didática de línguas? Qual era a definição de progressão há 25 anos? Quais eram os critérios utilizados? Quais eram os questionamentos?

---

[1] Este trabalho foi feito a partir de uma pesquisa na Ecole Normale Supérieure de Fontenay-Saint-Cloud, em colégios e liceus de Paris, sob a direção de Jean-Louis Chiss. Ele se baseia num primeiro trabalho sobre o mesmo tema, realizado por Ana Maria Lucena Vianna Santos e Militza Bakich Putziger, apresentado no 21o Congresso Brasileiro de Professores de Francês (Salvador, BA, agosto de 1998).

A representação do conceito de progressão pode variar de pessoa para pessoa. Louis Porcher afirma, a respeito de progressão, muito apropriadamente, que:

> Cada um de nós tem uma representação da idéia de progressão, a impressão de compreender o que se diz quando se trata desse assunto, mas esta concordância unânime esconde na realidade uma extensão semântica vasta e indefinida da noção de progressão, onde se pode encontrar uma justificativa para cada pedagogia. (1974, p. 6)

A partir de 1974, os critérios das progressões – sobretudo das progressões "gramaticais" e de outras, muito rígidas, surgidas nos anos 60-70 – são objeto de críticas e contestações.

Torna-se evidente que, para se estabelecer uma progressão, é preciso definir seus critérios levando-se em conta numerosos fatores, tais como: a matéria a ser ensinada, o público-alvo, o próprio professor, os instrumentos de ensino, a escolha de um método, o tipo de avaliação etc. (cf. Louis Porcher, 1974, p. 7).

Os trabalhos de M. J. e S. de Vriendt analisam os eixos segundo os quais a progressão é estabelecida na maioria dos cursos: do mais fácil para o mais difícil, do simples ao complexo[2], do regular ao irregular, ou então do mais freqüente ao mais raro, do mais útil ao menos útil, em função da informação cultural, "sob condição de não dar ao termo cultura um conteúdo exclusivamente histórico" e nos alertam sobre a necessidade de não esquecer uma progressão lingüística. (M. J. e S. de Vriendt, p. 33 a 40)

D. A.Wilkins retoma os princípios utilizados pela maioria dos métodos ou cursos: "freqüência, produtividade, regularidade, simplicidade, disponibilidade, complexidade contrastiva, utilidade e eficácia pedagógicas" e chama igualmente atenção para a importância do conteúdo léxico (D. A.Wilkins, p. 118)

As perguntas levantadas por Daniel Coste (1974, p. 5) evidenciam a complexidade do problema:

---

[2] Todos estes conceitos de "fácil/difícil", "simples/complexo" já foram discutidos e analisados por vários autores. É fácil ou difícil em relação a quê? Etc.

> O conteúdo do ensino e o da aprendizagem se superpõem? De onde parte quem aprende? O objetivo é sempre definido? Se existe uma progressão de ensino, que relações ela tem com a ou as progressões de aprendizagem? O que ou quem determina a ordem proposta? É a matéria a ser ensinada? É o objetivo a ser atingido? É o próprio aprendiz?

Se refletirmos sobre as perguntas que fazemos hoje em dia a respeito desse assunto, veremos que elas continuam quase as mesmas. No entanto, muitas coisas aconteceram nos últimos anos, novas abordagens foram propostas, surgiram novos temas de discussão. Mas será que foram encontradas respostas diferentes para as mesmas perguntas?

As novas contribuições

Em que os conceitos das novas abordagens "comunicativas", que "visam se centrar na comunicação tanto como procedimento quanto como objetivo" (cf. Louis Porcher, 1995, p. 16) contribuíram para questionar a noção de progressão?

As progressões gramaticais e estruturais foram sendo substituídas pelas progressões "comunicativas" – funcionais, nocionais, situacionais. No entanto, entre as comunicativas,

> encontramos quase os mesmos critérios: fala-se de formulações cada vez menos prováveis, de noções cada vez menos rentáveis, de atos de fala cada vez mais complexos. (cf. Sophie Moirand, 1982, p. 54)

Depois de ter sido recusada por alguns estudiosos da didática de línguas como sendo excessivamente rígida e coercitiva, a noção de progressão é vista hoje em dia de modo policêntrico[3]. Ela pode ser construída em torno de diferentes eixos, segundo as necessidades do contexto educativo. Segundo Borg (1998, Notions en Questions 3), esta leitura policêntrica "estimula a tomada de consciência do interesse e da urgência evidentes em não mais focalizar nosso ensino neste ou naquele

---

[3] Idéia que já estava presente, como foi visto, nas críticas dos anos 70 e 80.

tipo definido de progressão, mas em integrar a interdependência que os anima entre si". O docente deve "jogar com diferentes tipos de "centração", permutá-los e alterná-los, em vez de se submeter ao esquema rígido do dogmatismo ou da "axiomatização" de um método, de uma metodologia ou de uma "abordagem" com "centrações" fixas".

Mais recentemente, os teóricos se debruçaram sobre a importância das relações culturais durante o ensino/aprendizagem de uma língua estrangeira. Galisson questiona o pouco espaço reservado ao aspecto cultural durante o ensino (cf. R. Galisson, 1998).

Uma progressão deveria, portanto, levar em conta o lingüístico, o comunicativo e o cultural. Cabe ao professor (ou à equipe) decidir, de acordo com o quadro institucional e a situação de ensino em que ele se encontra com seus alunos, em que medida cada um desses aspectos vai intervir na progressão do curso.

A progressão no âmbito do *Projeto Bivalência*

Nosso trabalho se situa no âmbito do *Projeto Bivalência*, desenvolvido no Brasil (cf. G. Guidi, 1994). Este projeto tem por objetivo a integração da didática do Francês língua estrangeira e do Português língua materna.

A *bivalência* é uma ponte feita entre as duas línguas; ela representa um enriquecimento, pois refletir sobre o ensino de uma língua estrangeira à luz das contribuições de uma troca com a língua materna constitui um benefício não só para os alunos como também para o próprio professor.

Nós gostaríamos de refletir sobre o problema da progressão numa situação de ensino no âmbito escolar, com um público adolescente (11-15 anos), iniciante em Francês e que tem aulas de 50 minutos duas vezes por semana, com uma duração de curso de dois a quatro anos, em turmas de 40 a 50 alunos.

Proposta de uma progressão

Visto que a didática integrada do Português língua materna e do Francês língua estrangeira está apenas dando seus primeiros passos e que a prática *bivalente* nas escolas ainda é muito recente, pareceu-nos pertinente sugerir aqui um percurso possível para este tipo de trabalho.

Em língua materna, os Parâmetros Curriculares Nacionais – Língua Portuguesa (PCN-LP) recomendam partir de conhecimentos socioculturais, referenciais, lingüísticos e discursivos que um indivíduo utiliza nas suas práticas sociais de linguagem (PCN-LP, p.18). Durante os oito anos do ensino fundamental (da 1ª à 8ª série), a escola procurará desenvolver os conhecimentos que o aluno traz consigo, de modo que "cada aluno seja capaz de interpretar diferentes textos que circulam socialmente, tomar a palavra e, como cidadão, produzir textos eficientes nas situações as mais diversas" (idem, p.19), ter "a capacidade de utilizar a língua de modo diversificado, para produzir diferentes efeitos de sentido e para adaptar o texto a diferentes situações de interlocução oral e escrita" (PCN-LP, p.23).

Quanto às línguas estrangeiras, os PCN-LP (p.52) dizem que "o ponto de partida para o tratamento dos conteúdos se baseia nos conhecimentos prévios do aluno" e que " para que a aprendizagem tenha um sentido, o critério de gradação e de adequação dos conteúdos deve levar em conta conhecimentos do aluno em língua materna e seus conhecimentos de mundo".

Levando-se em conta estas orientações, refletimos sobre a organização de uma primeira etapa, destinada a um público de 5ª série do Brasil (corresponde à "6ème" do "collège" na França). Um dos temas do programa da língua materna deste nível escolar é a comunicação, inclusive os meios dos quais o homem dispõe para se comunicar. Dentre os objetivos específicos deste programa que possibilitam um trabalho integrado de língua materna e de língua estrangeira, encontramos (Cereja & Magalhães, 1998, p.15):

a) Refletir sobre a comunicação e os meios de comunicação de que o homem dispõe para se comunicar;

b) Reconhecer os diferentes códigos de que o homem dispõe para se comunicar, os elementos da comunicação, o sentido figurado das palavras;

c) Observar e pôr em prática certos aspectos da língua em uso que se relacionam com as variantes lingüísticas;

d) Comparar textos, observando suas semelhanças e suas diferenças quanto às idéias e à forma;

e) Reconhecer, observar e produzir bilhetes, convites, cartões, cartões-postais, cartas, levando em conta a estrutura, a coerência e a adequação da linguagem aos objetivos visados.

A reflexão sobre as diferenças lingüísticas e comunicativas dos habitantes de diferentes regiões do Brasil e dos habitantes de outros países falantes de língua portuguesa (idem, p.18) é, portanto, uma primeira ponte viável para um trabalho integrado de Português, língua materna, e Francês, língua estrangeira, pois proporciona o surgimento do "relativismo etnográfico em relação a outras comunidades" (Coste et al, 1976, p. 78), objetivo do ensino/aprendizagem das línguas estrangeiras em contexto escolar. Uma outra ponte é uma melhor conscientização dos fatos da língua materna através de uma outra língua.

Os objetivos formativos (cognitivos e afetivos) também têm um lugar importante no âmbito escolar e pesam no momento da escolha dos conteúdos. Os PCN-LP (p. 66) lembram que "a aprendizagem de uma língua estrangeira é uma atividade emocional e não só intelectual. O aluno é um ser cognitivo, afetivo, emotivo e criativo". Além do mais, é raro que se possa manter como um objetivo prioritário permanente, nas situações de ensino da maioria das nossas escolas, o desenvolvimento da competência de expressão oral sem reduzir a língua ao domínio de apenas alguns atos de fala. No entanto, para enfrentar estas dificuldades, quando se estabelecem os objetivos do ensino/aprendizagem de uma língua estrangeira, é preciso "determinar o que se pode fazer para garantir as condições mínimas de sucesso e que devem ter como resultado algo concreto e útil para o aluno. Pela palavra *mínimas* não se entende as *menores possíveis*, mas objetivos realistas, claramente definidos e explicitados para os alunos." (PCN-LE, p. 66)

Propomos, em seguida, um esquema de trabalho com alguns conteúdos dentre os quais cada professor poderá selecionar os que melhor convêm à sua situação de ensino. Ele pode escolher aquele a ser privilegiado num dado momento, sem esquecer o objetivo integrado visado (lingüístico, comunicativo, cultural).

O quadro a seguir resume o percurso que nos parece o mais conveniente para atender os objetivos que estabelecemos para o nosso público. Ele corresponde a uma primeira etapa; o trabalho das etapas seguintes poderá seguir o mesmo esquema[4], partindo de outras situações de comunicação. Estas corresponderão a outras noções e estarão relacionadas a outros atos de fala e, por conseguinte, outros discursos, outros conteúdos socioculturais, lexicais e gramaticais.

Partindo do núcleo central, definido pelas noções escolhidas e pelos atos de fala em que elas estão presentes, o trabalho terá três vertentes:

- vertente dos aspectos socioculturais (nas duas línguas);
- vertente da ampliação do domínio ativo do discurso em língua materna e o da construção de sentido no discurso em língua estrangeira;
- vertente da reflexão sobre a língua e a linguagem (nas duas línguas).

---

[4] No fim do artigo, apresentamos em anexo os conteúdos possíveis para as etapas 2 e 3.

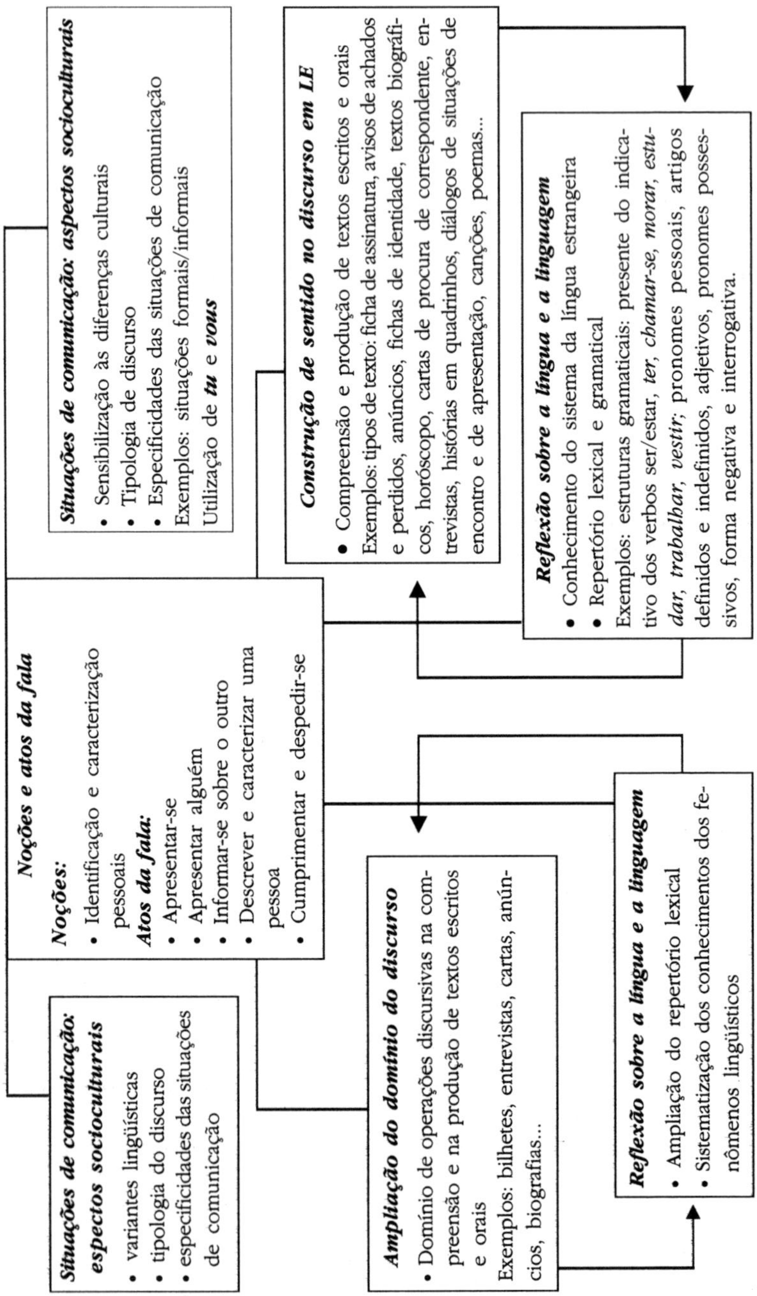
Situações de comunicação: espectos socioculturais
• variantes lingüísticas
• tipologia do discurso
• especificidades das situações de comunicação
Noções e atos da fala
Noções:
• Identificação e caracterização pessoais
Atos da fala:
• Apresentar-se
• Apresentar alguém
• Informar-se sobre o outro
• Descrever e caracterizar uma pessoa
• Cumprimentar e despedir-se
Situações de comunicação: aspectos socioculturais
• Sensibilização às diferenças culturais
• Tipologia de discurso
• Especificidades das situações de comunicação
Exemplos: situações formais/informais
Utilização de tu e vous
Ampliação do domínio do discurso
• Domínio de operações discursivas na compreensão e na produção de textos escritos e orais
Exemplos: bilhetes, entrevistas, cartas, anúncios, biografias...
Construção de sentido no discurso em LE
• Compreensão e produção de textos escritos e orais
Exemplos: tipos de texto: ficha de assinatura, avisos de achados e perdidos, anúncios, fichas de identidade, textos biográficos, horóscopo, cartas de procura de correspondente, entrevistas, histórias em quadrinhos, diálogos de situações de encontro e de apresentação, canções, poemas...
Reflexão sobre a língua e a linguagem
• Ampliação do repertório lexical
• Sistematização dos conhecimentos dos fenômenos lingüísticos
Reflexão sobre a língua e a linguagem
• Conhecimento do sistema da língua estrangeira
• Repertório lexical e gramatical
Exemplos: estruturas gramaticais: presente do indicativo dos verbos ser/estar, ter, chamar-se, morar, estudar, trabalhar, vestir; pronomes pessoais, artigos definidos e indefinidos, adjetivos, pronomes possessivos, forma negativa e interrogativa.

O trabalho em língua materna na 5ª série tem como uma das finalidades conscientizar os alunos de que os discursos variam de acordo com a região, o meio e a posição social dos interlocutores, a situação vivida, etc. O trabalho principal da escola é o de levar os alunos a conhecerem as variantes do uso público da língua. Dentre os objetivos apresentados nos PCN-LP, encontramos o de "ampliar progressivamente o conjunto de conhecimentos discursivos, semânticos e gramaticais usados na construção de sentido do texto (PCN-LP, p. 49). Isto se dá graças ao contato com uma grande variedade de discursos, bem como à reflexão sobre a língua e a linguagem. Este contato alimentará a reflexão – a ampliação do repertório lexical e a sistematização dos conhecimentos dos fenômenos lingüísticos – que por sua vez aumentará a gama de discursos do aluno. Além do mais, os PCN-LP apresentam a idéia de que "o domínio de outras modalidades de discursos orais e escritos (e mesmo o domínio de outras línguas) não se faz por substituição, mas por extensão da competência lingüística e pela construção ativa de subsistemas gramaticais sobre o sistema adquirido anteriormente" (PCN-LP, p. 31).

Em língua estrangeira, o trabalho segundo as três vertentes – a construção do sentido no discurso, quer dizer, a apropriação de um novo código lingüístico paralelamente ao desenvolvimento das competências discursiva e sociocultural (cf. quadro) e à reflexão sobre a língua e a linguagem – se fará obrigatoriamente de uma maneira mais integrada. Na realidade, não se pode dissociar os três momentos: aprender a expressar e a compreender idéias numa determinada situação, de modo adequado às circunstâncias, em língua estrangeira[5]. É indispensável assinalar que o trabalho de expressão oral previsto nas nossas sugestões não tem por objetivo uma performance de alto nível. Os diálogos servem mais como exemplificação da comunicação oral em contato direto.

---

[5] O que corresponde, na nossa opinião, à definição da competência de comunicação, tal como foi definida por Sophie Moirand (1982).

Eles se relacionam com os textos escritos e visam mostrar aos alunos as diferenças entre a comunicação oral e a comunicação escrita.

Gostaríamos igualmente de acrescentar aos comentários do quadro acima algumas considerações que orientaram o nosso trabalho:

- É importante que os alunos tenham consciência de que as competências em língua materna contribuem para a aprendizagem do Francês e vice-versa.
- A construção dos conhecimentos em Francês se faz mais facilmente se levamos em conta os conhecimentos prévios dos alunos (cf. PCN-LE, p. 71)
- É vantajoso aproveitar o capital lingüístico dos alunos, isto é, sua língua materna. O parentesco desta com a língua francesa permite fazer aproximações tanto no nível do léxico quanto no das estruturas morfosintáticas, e chegar rapidamente à utilização da língua estrangeira em toda a sua riqueza (cf. PCN-LE, p. 54), pois as línguas irmãs poupam as dificuldades enfrentadas pelos alunos cuja língua materna não pertence ao grupo das línguas neolatinas e ocidentais – como os falantes de Chinês, Japonês, Árabe etc. As possibilidades de exploração das semelhanças entre o francês e o português são evidentes, sobretudo nas atividades de compreensão escrita e mesmo oral. Conseqüentemente, é interessante partir de elementos da língua estrangeira presentes no cotidiano dos alunos para realçar esse conhecimento "insuspeitado" dos alunos – as palavras francesas incorporadas ao português, nomes de lojas, de objetos, de alimentos, etc. A aprendizagem evolui melhor quando o aluno pode se referir à língua materna para compreender os fenômenos da língua estrangeira.
- Levando-se em conta as limitações de tempo no contexto escolar, somos em geral levados a reduzir o leque de possibilidades de cada ato de fala expresso em língua estrangeira.

- O ensino/aprendizagem de uma língua estrangeira em contexto escolar não visa somente um bom conhecimento desta língua: a construção de outros saberes relativos a certas noções tem um peso igualmente importante (cf. Objetivos do ensino/aprendizagem de línguas estrangeiras, PCN-LE, p. 66-67) – por exemplo, saber começar e terminar uma carta, saber se dirigir a alguém em diferentes situações, compreender as intenções de comunicação do interlocutor. Estes saberes, retomados em língua estrangeira, reforçam a construção já realizada em língua materna.
- A leitura constitui, num trabalho *bivalente*, uma das atividades primordiais, pois permite trabalhar vários aspectos culturais, cognitivos e formativos. Tornando-se um verdadeiro leitor, o aluno é capaz de compreender os textos escritos de uso público da língua.
- A escolha de textos escritos e orais, tanto em língua materna quanto em língua estrangeira[6], será feita, sempre que possível, a partir de assuntos de interesse dos alunos. Paralelamente a este critério, os textos serão utilizados em ordem crescente de dificuldades, partindo de textos mais “transparentes” pelo léxico e pelo assunto, de uma leitura global, para se chegar a textos menos “transparentes” e a uma leitura mais detalhada. É necessário que os alunos conheçam diferentes tipos de texto presentes no seu cotidiano e que as atividades com estes textos tenham abordagens diversificadas (cf. PCN-LP, p. 26). O trabalho de interpretação de textos em Francês língua estrangeira reforça a competência de leitura em língua materna.
- Ao trabalhar a compreensão e a expressão oral, é importante que os diálogos não sejam reduzidos a uma “micro-troca” (pergunta-resposta), pois isto não corresponde a uma verdadeira situação de comunicação.

---

[6] Utilizamos aqui o conceito de texto como uma produção que tem unidade de sentido. (KLEIMAN, 1988)

- As atividades de produção oral e escrita têm dois objetivos: a competência de comunicação e a apropriação dos elementos morfosintáticos e lexicais da língua. Constatou-se que, quando só se trabalham as atividades de compreensão, o aluno médio não chega a mobilizar seus conhecimentos passivos para progredir na construção dos saberes lingüísticos. Ele se apóia nos elementos que lhe permitem interpretar um texto (sobretudo um texto escrito) de maneira global e pode prescindir dos elementos morfosintáticos. Mas a disponibilidade desses elementos, a capacidade de fazê-los vir à mente quando o contexto não os explicita, lhe farão falta na hora de ler um texto menos acessível, menos "transparente".
- O estudo de línguas estrangeiras nas escolas públicas brasileiras dura, muitas vezes, apenas um ou dois anos que nem sempre são consecutivos. Procura-se, pois, que os alunos construam conhecimentos básicos, a partir dos quais eles poderão continuar seus estudos, se tiverem tal oportunidade, necessidade ou desejo. Acreditamos, portanto, que a reflexão sobre a língua e a linguagem é indispensável para garantir esta base.

Conclusão

No âmbito do *Projeto Bivalência*, parece-nos coerente defender uma progressão "flexível": ela surgirá da motivação que o professor poderá despertar nos alunos, em concordância com seus colegas de língua materna, seja a partir de um evento (Copa do Mundo, por exemplo), seja de um projeto desenvolvido no seu estabelecimento de ensino (como o Cinqüentenário da Declaração dos Direitos do Homem), seja do estudo de um tipo de documento. No que diz respeito aos conteúdos gramaticais, a ordem em que serão estudados obedecerá às necessidades lingüísticas dos documentos orais e escritos vistos em sala de aula.

Esta proposta abre um amplo leque de possibilidades, pois estamos convencidas de que o ensino/aprendizagem em contexto escolar não pode mais estar amarrado a modelos preestabelecidos. Cabe, então, aos professores a escolha da progressão que considerar como mais adequada para os seus alunos e para a situação de ensino/aprendizagem em que se encontram.

Esperamos que este trabalho encontre eco entre os numerosos professores que, como nós, questionam permanentemente sua prática e suas convicções. Ficaremos felizes se nossas reflexões contribuírem para que os colegas que lerem este trabalho se sintam mais livres em fazer suas próprias opções no momento de estabelecer uma progressão.

Anexo

Etapa 2 – duração aproximada: 14 horas

- Noções: gostos e preferências
- Atos de fala: expressar seu gosto, sua rejeição, sua preferência, sua concordância, sua discordância, sua aprovação, sua desaprovação, sua opinião.
- Estruturas gramaticais:
  - Presente do Indicativo dos verbos *gostar, adorar, preferir, detestar, ter horror de; aprovar, desaprovar; pensar, acreditar, encontrar;*
  - comparativos, superlativos;
  - pronomes possessivos;
  - pronomes demonstrativos;
  - adjetivos;
  - advérbios.
- Aspectos culturais: as semelhanças e as diferenças culturais no que diz respeito aos gostos e às preferências.

Tipos de texto (nas duas línguas): entrevistas e perfil de personalidades famosas, correio sentimental, cartas de leitores, anúncios publicitários – justificar a escolha de filmes, de objetos, de destino de viagens, etc.; "perfil do consumidor"; análise comparativa dos diferentes textos de comentários sobre livros, filmes, peças de teatro – reconhecimento do que é objetivo e do que é subjetivo num texto jornalístico (ex.: numa resenha de filme, saber separar a opinião e a narrativa; elaboração e simulação de entrevistas orais.

Etapa 3 – Duração aproximada: 28 horas

- Noções: o tempo – presente, passado, futuro, o emprego do tempo.

- Atos de fala: perguntar a hora, o dia, informar sobre datas, descrever ações cotidianas e costumeiras, contar fatos passados, falar de acontecimentos futuros.
- Estruturas gramaticais:
  - tempos da narrativa no passado – Pretérito Perfeito e Imperfeito;
  - Futuro "Próximo";
  - Presente do Indicativo dos verbos usados nos atos de fala desta etapa.
- Aspectos culturais: semelhanças e diferenças culturais – estações do ano, organização do dia na escola e do dia em família, calendário (feriados, férias).

Tipos de texto: conversa sobre o emprego do tempo (perguntas e respostas orais), agendas escolares em Francês e em Português, o dia dedicado aos diferentes profissionais, horóscopo, numerologia. Textos de compreensão oral: jornal televisivo, informações de rádio, propaganda no rádio e na televisão. Narrativas biográficas no passado.

PISTAS DE TRABALHO PARA UMA COMPARAÇÃO DOS DISCURSOS EM PORTUGUÊS DO BRASIL E EM FRANCÊS

Jean-Luc Orsoni
Liceu Pasteur São Paulo

A língua, segundo Saussure, é um sistema de expressão potencial, oposto ao discurso, que é a sua realização. Freqüentemente, a língua não basta para se comunicar. Poderíamos, por exemplo, imaginar um francês falando português sem nenhum sotaque brasileiro, dominando as estruturas sintáticas, mas falando à maneira de um francês. Os brasileiros provavelmente compreenderiam mal a sua demonstração por ser absurda. De fato, esse tipo de discurso é muito pouco utilizado na comunicação corrente. Um francês poderia, então, não possuir as competências reais para poder se comunicar no Português do Brasil. Por outro lado, se a língua é portadora das diferenças culturais, as culturas francesa, quebequense, valã seriam parecidas, assim como todas as culturas anglofônicas, hispânofônicas ou lusofônicas. Logo, não são as palavras ou a sintaxe que são os únicos portadores da alteridade cultural, mas, sobretudo, os usos que se faz para argumentar[1], contar, administrar, informar, etc. É, na verdade, o discurso[2] que vai marcar essas diferenças.

Se as intenções discursivas podem ser as mesmas entre duas culturas (convencer, informar ou contar), as estratégias

---

[1] Ver a este respeito a teoria dos atos de linguagem que, como notou Ducrot, é extremamente prisioneira da língua.

[2] A exemplo das teorias de enunciação: *"Muitas noções em lingüística, talvez mesmo em psicologia, aparecerão de uma maneira diferente se forem reavaliadas sob o prisma do discurso, enquanto língua assumida pelo homem que fala, e da condição de intersubjetividade, que é a única que torna possível a comunicação lingüística."* BENVENISTE, Emile, *Problèmes de linguistique générale 1,* Gallimard, Paris, 1966, p. 266.

aplicadas para um determinado uso poderão não ser semelhantes. Na verdade, essas estratégias marcam diferenças nas intenções próprias a cada uma das culturas. Pode-se ter, num determinado contexto por exemplo, estratégias mais ou menos adaptadas para convencer. A intenção própria a uma cultura poderia, assim, ser a de conceder, surpreender, aumentar progressivamente a força dos argumentos ou a de seduzir, segundo a situação no país em que se está.

Os comportamentos lingüísticos realçam o contexto utilizado em cada cultura a fim de responder à problemática de uma determinada situação. São as relações que ligam o locutor e o auditório no interior de uma cultura que irão determinar a forma do discurso. As diferenças de *status* do enunciador e do interlocutor representam, então, um papel primordial nas comparações entre os discursos. Mas as coisas não são sempre tão simples. As diferenças regionais, as interferências de outras culturas, as migrações, a formação de intelectuais e de universitários em outros países, as novas tecnologias de informação, os assistentes de escrita informática, os registros de língua, são também elementos que fazem constantemente evoluir e relativizar essas diferenças.

É difícil, neste presente trabalho, referirmo-nos a uma teoria lingüística específica (ainda que a pragmática pareça ser a melhor adaptável) devido à heterogeneidade das pesquisas atuais, às vezes formalmente reagrupadas nesse termo: "a integração progressiva do contexto teve como conseqüências um alargamento do objeto, até mesmo da pragmática, e a integração das condições empíricas constitutivas da situação de enunciação, às quais é evidentemente muito difícil de impor um limite. Não é, pois, nada surpreendente que estudos de Lingüística, Semiótica, Sociologia, Psicologia, Psicossociologia, etc., se aproximem, num domínio em que as fronteiras são estabelecidas de maneira relativamente pouco precisas."[3] O aspecto comparativo poderia recorrer à

---

[3] MEUNIER, J. P. & PERAYA, D., *Introduction aux théories de la communication; analyse sémiopragmatique de la communication médiatique,* Bruxelles De Boek, 1993, p. 43

retórica contrastiva ainda que "a partir de 1966, a retórica contrastiva tenha tido um certo desenvolvimento [...] que podemos achar ainda insuficiente."[4]

Trataremos de estabelecer, num discurso, quais são as diferenças situacionais importantes, facilmente identificáveis, e como estas influem na forma que ele pode tomar, para, em seguida, observar quais são as percepções, em situação intercultural, de um brasileiro na França e de um francês no Brasil.

Se se quer que aquele que aprende o Francês, língua estrangeira, possa realmente interagir, ele deverá não apenas dominar as competências de comunicação elementares, mas também ser capaz de compreender o contexto próprio a cada uma das culturas na situação de comunicação e conhecer as estratégias a serem utilizadas. É nessa ótica de comparação dos discursos, estando consciente dessas diferenças, que ele poderá compreender melhor não apenas os funcionamentos da língua, mas os da cultura materna e estrangeira.

Para exemplificar essas pistas de trabalho, examinaremos sucintamente e superficialmente três exemplos que nos parecem portadores de diferenças significativas: o narrativo oral com a comunicação de uma decisão ou de um acontecimento difícil (portador de uma carga emocional) e contá-lo, e, em seguida, o texto regulamentar. Finalmente, mostraremos um exemplo de prática de aula num trabalho interdisciplinar: Francês (FLE) e Português (PLM).

O discurso narrativo oral

A comunicação de uma decisão ou de um acontecimento difícil

Essas situações possuem uma carga emocional. O enunciador terá de afrontar o auditório. As estratégias utilizadas nas duas culturas são diferentes. O modo de enunciação é a marca dessas estratégias.

---

[4] KERBRAT-ORECCHIONI, Catherine, *Les interactions verbales, 3; variations culturelles et échanges rituels,* Armand Colin, 1998, p. 43.

Perguntando a dez franceses e a dez brasileiros no que eles pensavam para anunciar um acontecimento difícil,

- oito franceses pensaram em que palavras iriam utilizar para anunciar o mais rapidamente possível: é preciso se desvencilhar rapidamente do emotivo;
- nove brasileiros pensaram em como levar a pessoa a adivinhar ou progressivamente prepará-la.

Perguntando a dois psicólogos das duas nacionalidades como seria necessário anunciar a perda de um ente próximo, os dois reconhecem que é difícil responder, que isso depende da pessoa a quem nos referimos. Entretanto, o psicólogo francês responde que, em geral, anuncia-se muito rapidamente: "Tenho uma triste notícia para lhe dar, tal pessoa faleceu."

A psicóloga brasileira me respondeu que era preciso preparar a pessoa. Ela utilizou a expressão "subir no telhado" da seguinte piada: Joaquim anuncia cruamente a seu amigo Manuel, que estava viajando, que seu gato morreu. Manuel lhe responde que ele não poderia dizer a notícia dessa maneira, mas sim: "Teu gato subiu no telhado. Ele caiu. Ele se machucou. Ele morreu." Uma semana mais tarde, Joaquim comunica a Manuel que seu pai havia subido no telhado.

Na França, trabalha-se as palavras. Como se vai dizer? Que palavras se vai utilizar? Em qual ordem? Anuncia-se muito rapidamente a notícia para, em seguida, trabalhar as emoções. No Brasil, tentar-se-á progressivamente levar o interlocutor a estar preparado, a adivinhar o que se quer dizer. Prepara-se e trabalha-se através de improvisações, segundo as reações do ouvinte.

As estruturas do discurso tomam, então, duas formas diametralmente opostas. No Brasil, a introdução ocupa um lugar dominante e pode até constituir a parte essencial de um discurso. A intenção do locutor o leva a preparar o ouvinte, com uma progressão das especificações das causas da decisão ou do acontecimento, sem obrigatoriamente concluir. Cabe ao ouvinte tirar suas conclusões e conseqüências. O discurso toma, então, a forma: causas, anúncio (pode ser implícito), conseqüências (podem ser implícitas).

Na França, é em geral *ex-abrupto* que os fatos ou a decisão são anunciados para, em seguida, examinar-se as causas e as conseqüências. O discurso terá, então, a seguinte estrutura: anúncio, causas, conseqüências. Na cultura francesa, a atenção do locutor é, pois, dirigida sobre as palavras a fim de apagar os traços afetivos, enquanto que, no Brasil, ela recairá muito mais sobre o interlocutor.

As percepções na situação intercultural do auditório são diferentes, mas, paradoxalmente, as conclusões podem ser as mesmas. Um francês que ouvir um brasileiro poderá pensar, por exemplo, que ele é demagogo, que está enganando o auditório, que ele se utiliza desses desvios de linguagem para melhor esconder as verdadeiras causas e conseqüências, pois ele não anuncia diretamente o que ele tem a dizer. Posteriormente, ele pensará que o enunciador certamente lhe quer mal, que lhe esconde alguma coisa ou que pretende mostrar crueza. Um brasileiro que ouvir um francês falar, pensará que as causas lhe são escondidas, pois não são explícitas. O locutor mostra, nesse caso, crueza. Num caso de decisão, ela é autoritária.

Intenção discursiva	***País***	***Intenção própria à cultura***	***Funcionamento do discurso***	***Estrangeiro em situação intercultural***
Comunicar uma decisão ou um acontecimento difícil	Brasil	Preparar o auditório	Causas, anúncio, conseqüências	Omissão, crueza
	França	Anunciar rapidamente	Anúncio, causas, conseqüências	Omissão, crueza, decisão autoritária

A narração oral

Nessa situação, as intenções discursivas são as mesmas: contar, mas as percepções na situação intercultural farão aparecer diferenças importantes. Para um interlocutor brasileiro, a narração francesa será freqüentemente considerada como fria, cartesiana, despida de afetividade. No caso inverso, os franceses considerarão o discurso brasileiro confuso.

Na cultura francesa, a narração oral se apresenta organizada, articulada e poderia corresponder a uma estrutura próxima da escrita: estado inicial, desenvolvimento, estado final. O locutor dirige sua atenção, antes de tudo, para a forma do discurso, para a escolha de palavras por estratégias de que eliminam o que é subjetivo. A narração poderia ser quase a mesma, qualquer que seja o ouvinte.

É esse distanciamento que faz um brasileiro entender esse discurso como um discurso despido de afetividade. De fato, a narração, no Brasil, é mais próxima do ouvinte. A improvisação é utilizada como meio de responder ao que o locutor percebe como útil à boa compreensão. Os motivos podem ser internos, para melhor especificar o fio dos pensamentos, ou externos, intervenção ou manifestação do ouvinte. Essas improvisações se manifestam por meio do que chamamos em francês de "digressões", mas que não são verdadeiramente um distanciamento do assunto. De fato, trata-se de apresentar precisões úteis à boa compreensão da situação pelo interlocutor. Essas "digressões" funcionam como descrições; elas retratam um contexto, mesmo se elas são outras narrações ou explicações. É evidente que o ouvinte francês se perde no distanciamento dessa organização narrativa.

Funcionamentos cognitivos parecem estar ligados a esses procedimentos: quando um brasileiro é interrompido por um telefonema ou uma intervenção que não tem nada a ver com a narração, ele continua, em seguida, a seqüência de seus pensamentos. Ele parece ter marcado o ponto exato da interrupção. Um francês, em geral, retomará a narração um pouco antes da interrupção a fim de reencontrar o seu fio narrativo. Isso não corresponderia a seqüências de pensamento diferentes? Não se poderia, assim, ligar essas digressões às do realismo mágico, na literatura, ou ao funcionamento das novelas de televisão?

Intenção discursiva	*País*	*Intenção própria à cultura*	*Funcionamento do discurso*	*Estrangeiro em situação intercultural*
Contar	Brasil	Adaptar-se ao auditório	Digressão, descrição do contexto	Dificuldade em perceber o fio da narração Discurso confuso
	França	Estrutura da narração	Sequência mais organizada da narração	Narração privada de emoção

O texto regulamentar

Agrupamos sob essa denominação os textos produzidos pelas administrações públicas ou privadas tendo por objetivo regulamentar. Essa qualificação se estende igualmente às circulares, aos decretos e aos textos legislativos.

A intenção do escritor, própria à cultura do Brasil, é a de, sobretudo, evitar qualquer outra interpretação que não a dele próprio. Isso deve-se ao fato de ele querer evitar quaisquer outras utilizações diferentes daquelas que salientam as suas intenções. Ele deve, pois, proteger-se dos usuários. Um exemplo revelador foi a polêmica criada pela interpretação de um ponto-e-vírgula no artigo 201 do texto da reforma das aposentadorias, que dizia:

> A aposentadoria em regime geral obedece às seguintes condições:
>
> - trinta e cinco anos de contribuições para o homem e trinta para a mulher; 65 anos para o homem e 60 anos para a mulher.

Os especialistas jurídicos do governo diziam que o tempo de contribuição estava ligado à idade mínima; eles interpretaram, então, o ponto-e-vírgula como "e". O INSS retardou a emissão de aproximadamente 800 aposentadorias. Os especialistas tinham razão, pois o ponto-e-vírgula marca uma pausa mais forte que a vírgula e menos forte que o ponto, sem alternância de uma ou outra proposta. A relação era clara: uma "e" outra.

Quanto ao espírito do texto, a oposição conseguiu modificar o "e" inicial diante dos tribunais, mas um redator infeliz o havia transformado em ponto-e-vírgula.

O INSS exigia que o ";" fosse interpretado como "e".

O espírito do texto exigia que o ";" fosse interpretado como "ou"; os órgãos governamentais utilizaram o texto, interpretando "e". Essa polêmica indica perfeitamente a utilização que se pode fazer desses textos, mesmo se ela é contrária à intenção do redator.

No Brasil, transita-se nos limites dos regulamentos. Um exemplo disso é uma lei da educação que diz que "o ensino deve ser feito em língua portuguesa", em reação aos objetivos separatistas dos alemães no sul do país há meio século. A interpretação feita é que isso não significa que todo o ensino deva *obrigatoriamente* ser feito em língua portuguesa. Pode-se, então, ensinar em língua estrangeira.

Na França, o redator quer, antes de tudo, um texto coerente a fim de fixar o contexto. Não se fala de espírito das leis? Essa manifestação cultural não remontaria a Montesquieu? No caso de um julgamento, buscar-se-á a coerência no espírito do texto ou ele será contestado, mostrando-se os seus limites. É, pois, a situação, o contexto que fornecerão a interpretação.

No Brasil, esses textos estão impregnados de um estilo qualificado habitualmente de gongorismo (do escritor espanhol Gôngora, do século XVII, de estilo precioso). Entretanto, mesmo se Gôngora não estivesse presente no estilo pesado desses textos, as frases longas, a utilização sistemática das formas passivas e o deslocamento do complemento são manifestações comuns a essas duas escritas. Se esses elementos existem também nos textos franceses, eles o são numa proporção menor.

As frases longas existem graças, por exemplo, ao emprego de uma pontuação mais estrita (é proibido, por exemplo, utilizar vírgula entre o sujeito e o verbo) ou de inflexões infinitivas, que permitem ligar facilmente as diferentes propostas.

> "O professor já estará com todos os alunos a fim de comunicar os resultados do trabalho."
>
> "O professor já estará com todos os alunos a fim de comunicarem os resultados do trabalho."

"Comunicar", no infinitivo, pode concordar com os alunos ou o professor (comunicar, 1ª pessoa; comunicarem, 3ª pessoa do plural). A concordância indicará quem comunicará os resultados: o professor (comunicar) ou os alunos (comunicarem).

As inversões de propostas, como a utilização das formas passivas, se fazem a fim de melhor fixar as interpretações, particularmente quando elas indicam uma intenção. A proposta colocada no começo da frase permitirá que o leitor evite qualquer outra hipótese que não a que é manifestada pelas intenções do autor. Por exemplo: "A fim de permitir aos alunos a realização dos exames, as aulas serão suspensas." Colocando as intenções no começo da frase, o leitor não produzirá outras hipóteses, mas antecipará a ação. Se não se invertesse a proposta, o leitor poderia imaginar outras hipóteses e confrontá-las com a sua leitura.

Na França, esses mesmos mecanismos, apesar de existirem, são muito menos utilizados. Não devendo prever todos os casos possíveis de desvio de sentido de uma parte da escrita, o texto será voltado para o seu contexto, sem ter de descrevê-lo completamente. O lugar do implícito poderá ser mais importante. O texto será mais coerente e delimitado. As intenções discursivas e culturais estarão próximas, o implícito será mais forte.

Numa situação intercultural, o leitor brasileiro, diante de um texto francês, procurará "utilizá-lo" para seus próprios objetivos, sem fazer referência ao contexto. Ele poderá provocar um certo número de mal-entendidos, a interpretação poderá ser considerada tendenciosa. O leitor francês terá dificuldades em compreender o texto brasileiro, de frases muito longas, muito complicadas. Ele não compreenderá que o contexto é mais explícito no texto.

Intenção discursiva	***País***	***Intenção própria à cultura***	***Funcionamento do discurso***	***Estrangeiro em situação intercultural***
Regulamentar	Brasil	Evitar qualquer outra utilização	Frases longas, uso freqüente da voz passiva. Mais explícito	Dificuldade de compreensão
	França	Ser coerente	Uso da voz passiva. Enumeração de pontos. Implícito forte	Interpretação tendenciosa

Uma prática de aula

Experimentamos em FLE um trabalho com classes do Curso Médio. Após três aulas em português sobre os elementos de contexto e intencionalidade, apresentamos dois artigos dos Códigos Penais brasileiro e francês, em português e em francês.

Código penal francês

Tradução do texto francês

Da concussão

Artigo 432-10

O fato de, através de uma pessoa depositária da autoridade pública ou encarregada de uma missão de serviço público, receber, exigir ou ordenar o recebimento a título de direitos ou contribuições, impostos ou taxas públicas, uma soma que ela saiba não ser devida, ou exceder o que é devido, é passível de punição de cinco anos de prisão e de 500.000 francos de multa.

Código penal brasileiro

Artigo 344º

(Concussão)

O funcionário que, no exercício das suas funções ou de poderes de fato delas decorrentes, por si ou por interposta pessoa com o seu consentimento ou ratificação, receber, para si, para o Território ou para terceiro, mediante indução em erro ou aproveitamento de erro da vítima, vantagem patrimonial que lhe não seja devida, ou seja superior à devida, nomeadamente contribuição, taxa, emolumento ou multa, é punido com pena de prisão até 2 anos ou com pena de multa até 240 dias, se pena mais grave lhe não couber por força de outra disposição legal.

Os alunos puderam observar as seguintes diferenças:

- o texto em francês é mais curto;
- as palavras "exigir ou ordenar o recebimento" não estão no texto brasileiro e indicam que, mesmo se houver uma tentativa, o funcionário será punido;

- no texto brasileiro, examinam-se todos os casos possíveis, a fim de que a pessoa que poderia receber vantagens patrimoniais não possa escapar à lei: *"por pessoa interposta", "com o seu consentimento ou a sua aprovação", "Para si mesmo, para o território ou uma terceira pessoa", "induzindo ao erro ou explorando o erro"*;
- ainda no texto brasileiro, assegura-se de que o culpado não possa escapar à pena que lhe é devida: *"se uma pena mais grave já não lhe tiver sido atribuída na aplicação de uma outra disposição legal;"*
- o importante no texto francês é o espírito do texto, e, no texto brasileiro, evitar qualquer outra utilização, qualquer outro desvio de sentido pelo funcionário corrupto.

Em seguida, os alunos procuraram textos regulamentares franceses na Internet a fim de verificar se esses funcionamentos seriam encontrados. Na seqüência, elaboraram um pequeno regimento da classe à francesa.

Esse trabalho permitiu aos alunos, através de uma reflexão contrastiva, compreender melhor o funcionamento dos textos franceses, mas também de sua língua e de sua cultura.

Conclusão

O lugar destinado ao auditório parece mais importante no Brasil, devido a uma grande proximidade entre os interlocutores. Os discursos, orais em particular, são voltados para a pessoa com quem se comunica. Os pesos respectivos do oral e do escrito são inversos. Peso mais importante do oral no Brasil e do escrito na França. Não se diz "as palavras voam, os escritos permanecem?" No Brasil, até mesmo os professores de Português ficam surpresos quando, para encontrar uma informação, faz-se menção aos relatórios das reuniões passadas. Na França, privilegia-se, em primeiro lugar, a qualidade da palavra, a organização do discurso, o lugar dos articuladores. As referências do oral são o escrito. É certamente a proximidade da escrita que cria o distanciamento do auditório; um orador pode mais facilmente dirigir-se a todos de uma mesma maneira.

Talvez seja na retórica antiga que se deva buscar as origens dessas diferenças. Sócrates não dizia que a escrita é um rebaixamento, uma prostituição, pois ela não se dirige a nenhum público em particular? A retórica deu lugar à literatura. Hoje, nas civilizações ocidentais, o status do auditório e o lugar do oral são menores. Trabalha-se sobre as reações de qualquer público.

No Brasil, o auditório parece mais presente. A hipótese poderia ser a de que a ligação com Portugal (Lisboa era uma colônia feniciana), e da comunidade sírio-libanesa, são influências importantes no *status* do auditório, devido aos elementos vindos da retórica grega.

Os franceses residentes no Brasil ficam freqüentemente embaraçados pelo fato de que os locutores parecem querer seu assentimento antes mesmo de argumentar. Ora, mesmo a retórica latina fala de cordialidade do público, mas, certamente, é na retórica grega que é preciso procurar as origens dos funcionamentos do discurso no Brasil. No seu Manual de Expressão Oral e Escrita, 15ª edição, J. Mattoso Câmara Jr. traduz, para a introdução na expressão oral, o termo "cordialidade" da retórica latina em "simpatia". A simpatia do auditório é um conceito mais próximo da retórica grega em que se inclui a sedução na argumentação. Não poderíamos ligar os comportamentos discursivos franceses à evolução da retórica em direção à literatura e aproximar as práticas discursivas brasileiras da retórica grega?

As diferenças de proximidade em relação ao auditório também explicam, talvez, as visões interculturais: o francês é arrogante e o brasileiro, confuso e demagogo. Por outro lado, não seria possível estabelecer um mapa dos comportamentos discursivos próprios a cada cultura?

Para compreendermos realmente e sermos capazes de nos comunicar corretamente numa cultura, é-nos necessário trabalhar os contextos de utilização da língua. Não é tendo consciência das diferenças nas situações discursivas entre os dois países que aqueles que estão aprendendo adquirirão as competências necessárias para a utilização da língua?

O *PROJETO BIVALÊNCIA*: DIDÁTICA INTEGRADA DO PORTUGUÊS LÍNGUA MATERNA E DO FRANCÊS LÍNGUA ESTRANGEIRA (1996)

Tradução de Márcio Venício Barbosa
(Centro Universitário Newton Paiva/MG)

O *Projeto Bivalência* nasceu no Brasil, em 1974, de uma preocupação na área do ensino/aprendizagem do português língua materna (PLM) e do francês língua estrangeira (FLE), nos 1º e 2º graus do ensino público.

Da reflexão sobre as relações possíveis entre PLM e FLE em situação escolar em algumas regiões do Brasil, ficou evidente que se um grande número de práticas são consideradas eficazes pelos professores das duas línguas, elas não foram, porém, sistematizadas.

Com o apoio da Embaixada da França no Brasil e através do Bureau de Coopération Linguistique et Educative (BCLE), algumas universidades brasileiras e redes públicas, pertencentes a sistemas educativos municipais ou estaduais, assinaram acordos de cooperação bilateral visando favorecer uma renovação do ensino do PLM e FLE, através de abordagens metodológicas integradas.

O *Projeto Bivalência* teve, pois, desde o início, os objetivos seguintes:

- melhorar a qualidade do ensino/aprendizagem do PLM e FLE no secundário, reposicionando os professores em outra perspectiva educativa do que a de simples intermediário entre os livros e os alunos;
- modificar os cursos de formação inicial (graduação) dos professores das duas línguas;

- analisar os processos de aquisição/aprendizagem dos conhecimentos visando a implantação, com as equipes de professores, de um ensino integrado PLM/FLE adaptado às necessidades, às condições e aos interesses da rede pública de ensino;
- divulgar as pesquisas feitas no Brasil e na França, nessas áreas.

Ao longo dos seus dois anos de existência, o *Projeto Bivalência* desenvolveu reflexões e ações no ensino/aprendizagem do PLM e do FLE, incentivando os professores a refletirem sobre suas próprias práticas em sala de aula, a fim de melhor adaptá-las às necessidades dos alunos.

Princípios norteadores

A *bivalência* é um projeto de pesquisa e de ação, situado no âmbito da didática das línguas. Seu princípio norteador consiste em experimentar a possibilidade de uma abordagem "integrada" do ensino/aprendizagem do PLM e do FLE. A "integração" é, na situação atual, um alvo prospectivo que passa pelo contato e pela harmonização entre as duas didáticas e as práticas pedagógicas que delas emanam. Essa vontade de aproximação das duas didáticas tem por finalidade uma apropriação e uma utilização da linguagem na diversidade das suas funções. Isso significa que não se trata, prioritariamente, de comparar as diferenças e semelhanças entre os sistemas lingüísticos do português e do francês. Se esse trabalho não deixa de ter interesse, trata-se de concebê-lo em uma ótica não formalista, mas susceptível de esclarecer as "visões de mundo" propostas por cada uma das duas línguas e de levar a considerações semânticas e culturais[1]. O essencial seria desenvolver, nas duas línguas, as capacidades de produzir

---

[1] Do lado das ciências da linguagem, pode-se recorrer à análise do discurso, à sociolingüística e às teorias das interações verbais; do lado da didática das línguas, aos trabalhos referentes ao "éveil au language" (despertar para a linguagem).

condutas de linguagem o mais atuantes possíveis: comunicar-se com o outro, é certo, mas também falar e agir sobre o mundo, saber explicar, argumentar, expor, narrar, construir universos de ficção, etc. e evidente que uma relação mal construída com a linguagem e um distanciamento crítico insuficiente constituem causas do fracasso escolar. A solução não é a importação direta em língua materna de abordagens consideradas eficazes na didática de línguas estrangeiras. Se essa última pode fornecer ancoragens metodológicas interessantes, é preciso também pensar nas contribuições importantes da didática das línguas maternas ao ensino/aprendizagem das línguas estrangeiras.

Oferecendo aos professores de PLM e FLE a possibilidade de trabalhar conjuntamente na construção de objetivos lingüísticos e comunicativos comuns, de identificar conjuntamente os problemas encontrados no domínio das duas línguas, mantendo sempre a lucidez com relação à desigualdade de competência dos alunos, pode-se permitir essa conscientização do funcionamento da linguagem em geral. Quer sejam interações verbais, da leitura ou da escrita (sobretudo em uma sociedade marcada pela predominância de uma cultura da oralidade), a reflexão metalingüística, em seu sentido amplo, poderá se exercer tanto na aula de PLM quanto na de FLE, isso para acabar com modelos estereotipados e repetitivos que tornam o trabalho escolar em línguas totalmente desmotivante para os alunos e seus professores.

A própria noção de "projeto" indica que as soluções ainda não foram encontradas mas que existe, daqui em diante, uma hipótese de trabalho a ser experimentada e nutrida de conteúdos e de práticas negociadas, conjuntamente, pelos professores de língua(s), no respeito de suas especificidades.

Pistas de trabalho

Para traçar pistas de trabalho concretas a fim de dar vida à colaboração dos professores de PLM e de FLE, é necessário fazer uma reflexão sobre a natureza dos objetivos didáticos a tratar na aula de língua e sobre as formas de proceder dos professores e dos alunos. A meta, que não negligencia as aquisições, é fundamentalmente transformadora. Convém definir sistemáticas comuns de trabalho, métodos de abordagem conciliáveis, mudando as relações da linguagem e, de forma mais ampla, pedagógicas nas salas de aula. Um consenso existe para, tanto quanto possível, identificar as dificuldades que os alunos encontram no ensino/aprendizagem das duas línguas. Pode-se salientar os problemas dos alunos no domínio dos discursos orais, suas relações difíceis com o mundo da escrita (leitura/escrita), seu embaraço frente aos implícitos culturais. Para além dessas constatações gerais, busca-se definir "entradas" possíveis para o trabalho comum a partir das experiências já conhecidas e dos caminhos ainda por explorar.

1- Contentar-se com um "tema" geral como meio para harmonizar as práticas não é suficiente. Salvo exceções, um tema cultural do tipo "O carnaval no Brasil e na França" não pode produzir progressões levando a um desenvolvimento das competências lingüísticas e da linguagem; o que não quer dizer que seja necessário renunciar a uma pedagogia de projeto, programado a longo prazo e com uma produção final (jornal, peça de teatro), mas nos parece que as condições não estão sempre reunidas para que tais projetos integrem todas as dimensões do trabalho nas duas línguas.

2- Dentro de um espaço de tempo mais limitado, pode-se já evocar algumas experiências de trabalho comum sobre:

a) um conceito, por exemplo, o tempo, escolhendo suportes apropriados (o calendário, por exemplo) e fixando o primeiro objetivo prioritário: a aquisição de um léxico da temporalidade, que se terá o cuidado de estruturar. Fica claro que, em função de uma progressão, tendo em consideração as diferenças de nível nas duas línguas, pode-se seguir um tratamento enunciativo e sintático ao mesmo tempo nas duas línguas. Isso implica uma reflexão sobre as representações dos alunos e sobre as proximidades e diferenças culturais na maneira de apreender o tempo em português e em francês. As formas de trabalho não deveriam ser meramente transmissivas, já que, precisamente, é necessário desenvolver a verbalização dos alunos sobre esses problemas e a sua capacidade de reflexão;

b) um gênero, por exemplo, o conto, escolhendo suportes apropriados (contos próximos por sua estrutura, um em português, outro em francês) e fixando um primeiro objetivo prioritário: o domínio da estrutura narrativa dos mesmos. Não se trata, evidentemente, de inculcar essa estrutura nos alunos, mas de colocá-los em uma situação de observação, de descoberta, para que consigam, com a ajuda de um esquema "em branco", formular hipóteses sobre essa estruturação. Em função de uma progressão, tendo sempre em consideração as diferenças de nível nas duas línguas, pode-se encaminhar os alunos até a etapa de uma leitura mais apurada que requer o domínio dos fenômenos de coesão textual, por exemplo (retomada dos substantivos, dos pronomes, etc...). Pode-se também, em uma etapa ulterior, programar uma seqüência dedicada à escrita de um conto que, na língua estrangeira, pode se fazer sob a forma de um ditado ao professor, o qual permite mostrar aos alunos a necessária reestruturação quando da passagem da oralidade à escrita. Evidentemente, o trabalho sobre um gênero, qualquer que ele seja, apóia-se sempre numa prática social da leitura: ter o hábito ou não de ler ou de ouvir contos, prática da qual se conhece a desigual repartição segundo as famílias e o meio social. Os professores têm, nesse caso, um papel a cumprir;

c) uma atividade da linguagem, por exemplo a metalinguagem, escolhendo suportes apropriados (lições de gramática sobre noções próximas nas duas línguas) e fixando um primeiro objetivo prioritário: a conscientização, através das diferenças terminológicas – ou através das semelhanças – dos funcionamentos das duas línguas sobre um ponto preciso, por exemplo, o sistema dos tempos do passado ou dos pronomes. Nas duas línguas, os professores trabalhando em equipes privilegiarão as zonas de dificuldade nas aprendizagens lingüísticas, a fim de favorecer uma melhor compreensão das noções pelo aluno.

As pistas acima mencionadas são apenas exemplos e não devem ser consideradas como modelos. Sabemos também que, no âmbito da *Bivalência*, diversas atividades de leitura podem ser desenvolvidas conjuntamente, inclusive modos de sensibilização às formas orais das línguas; pode-se também prever utilizações dos textos literários nas duas línguas, etc... A lista está aberta.

Modos de funcionamento

Estrutura

O *Projeto Bivalência* é constituído por uma Comissão Nacional de Coordenação e Reflexão e por equipes locais. A Comissão Nacional tem uma dupla missão. Serve de referência aos professores envolvidos no projeto e tem como atribuição coordenar as atividades das equipes locais, assegurando o seu ajustamento aos princípios norteadores do projeto. Além disso, cabe à Comissão assegurar a integração das equipes através da troca de experiências e divulgação de resultados, recebendo, para isso, o apoio do BCLE de Salvador. As equipes locais são constituídas de um coordenador, de formadores e de professores envolvidos no projeto, de professores associados e de professores assessores. O coordenador é um professor universitário de FLE que desenvolve atividades de ensino/pesquisa em cursos de graduação e/ou pós-graduação. Ele é membro da Comissão Nacional. Os formadores são professores de FLE e/ou PLM com conhecimentos de francês que asseguraram o trabalho de reflexão pedagógica junto aos professores integrantes da equipe local. As equipes, constituídas em cada colégio envolvido no projeto, reúnem professores de PLM e de FLE dos 1º e 2º graus atuando com os mesmos alunos. Em alguns casos, os professores têm a dupla licenciatura (FLE e PLM), ensinando as duas disciplinas ao mesmo grupo de alunos. Os professores associados fazem parte da equipe mas não atuam em sala de aula, no ensino de 1º e 2º graus. Podem ser professores de PLM e/ou FLE, professores de ciências da linguagem, professores de metodologia e prática de ensino ou representantes das Secretarias municipais ou estaduais de Educação. Os professores assessores não participam diretamente das reuniões das equipes, mas podem, eventualmente, fazê-lo para contribuir de forma pontual. São professores de PLM e/ou FLE externos ao projeto ou professores universitários pesquisadores.

Atribuições

A Comissão Nacional reúne-se duas vezes por ano com uma pauta decidida com antecedência. Sua missão consiste em:

- assegurar a realização dos princípios norteadores e a pertinência de subprojetos elaborados pelas equipes locais;
- organizar a circulação das informações e documentos entre as equipes constituídas (com o apoio do BCLE de Salvador);
- prever, eventualmente, a publicação de artigos e relatórios para uso externo.

Os professores coordenadores, membros da Comissão Nacional, têm a missão de:

- favorecer a criação de equipes locais e seu funcionamento a partir dos princípios norteadores do projeto;

- redigir um subprojeto tendo em consideração as necessidades e especificidades da equipe local;
- informar às outras equipes sobre o desenvolvimento do projeto com o envio de um minirelatório a cada dois meses (via BCLE);
- incentivar a elaboração, por cada equipe local, de material pedagógico que será divulgado entre as outras equipes.

Os formadores atuam diretamente e regularmente junto aos professores de PLM e de FLE envolvidos no projeto:

- organizando reuniões pedagógicas semanais nas escolas e mensais com toda a equipe local;
- ajudando os professores a definir os objetivos gerais e específicos do projeto em cada estabelecimento;
- definindo, de acordo com o coordenador, a realização do trabalho coletivo;
- definindo os momentos favoráveis à preparação e aplicação dos materiais pedagógicos específicos e/ou comuns.

Metodologia do trabalho em equipe

Embora os materiais pedagógicos e programas de PLM e FLE sejam específicos, devem ser considerados os objetivos comuns que visam à conscientização e à sensibilização dos usos da linguagem. No entanto, para realizar a integração das metodologias no âmbito do projeto, é necessário:

- ajustar, permanentemente, os objetivos do ensino/aprendizagem em PLM e FLE;
- integrar as práticas pedagógicas de PLM e FLE;
- analisar e avaliar as atividades propostas nas seqüências pedagógicas, em função dos princípios fundamentais e comuns do projeto.

Para tanto, as reuniões das equipes devem seguir a dinâmica seguinte:

- discussão e explicação de critérios, finalidades e práticas pedagógicas;
- preparação, aplicação e avaliação do material pedagógico comum, respeitando as especificidades de cada língua;
- relato das formas de utilização, análise e avaliação dos resultados observados.

Aprofundamentos teóricos

Inserido numa problemática geral das relações entre língua materna e língua estrangeira, o conceito de *bivalência* pode ser situado em relação a outros campos com os quais não se confunde mas que permitem delimitá-lo. As pistas de "Language awareness", da educação bilíngüe, dos contatos com línguas vizinhas podem ser largamente exploradas. É claro que a questão dos benefícios que se pode esperar, para a língua materna, da abordagem de uma ou várias línguas estrangeiras, constitui um tema particularmente rico. Sabe-se o quanto esta abordagem (da sensibilização ao ensino) pode servir para "desnaturalizar" a língua materna e convém, sob esse ponto de vista, estar atento tanto às diferenças quanto às semelhanças. A evidência de "zonas de vulnerabilidade" entre o francês e o português (sistemas de determinação diferentes, diferenciações na expressão do tempo verbal, na transitividade, na voz ativa e passiva, na negação, etc) oferece um campo de trabalho considerável, que pode ser completado pela análise das dificuldades semelhantes encontradas nas duas línguas (por exemplo, o lugar do adjetivo). São solicitados, também, além do campo da sintaxe, os campos da estrutura lexical, os problemas inerentes à pronúncia e aos sistemas gráficos. Trata-se, pois, na verdade, de uma reflexão metalingüística, orientada pela abordagem comunicativa, que devemos desenvolver sem que as direções anteriores conduzam as duas didáticas para cursos sistemáticos de lingüística comparativa.

A importância do conceito de *bivalência* pode ser, pois, medida, levando-se em conta também a capacidade de colocar em contato não somente as línguas como também as metodologias de ensino/aprendizagem. Se levantarmos a hipótese de que o ensino do português como língua materna permanece em grande parte dominado por uma abordagem tradicional dos fatos gramaticais, sem levar em conta realmente as dimensões semânticas, comunicativas e enunciativas, pode-se pensar que as correntes mais inovadoras do francês como língua estrangeira fornecerão pistas de trabalho mais heurísticas sem que seja necessário operar em termos de transferência direta. De fato, não podemos fazer uma abstração da cultura escolar da língua materna, quaisquer que sejam as críticas que façamos a ela (a questão se coloca também na França). Se podemos, pois, contar com uma aproximação progressiva das metodologias, tendo, num horizonte longínquo mas necessário, a "integração", devemos permitir essas contribuições recíprocas sem esquecer os efeitos que um ensino renovado da língua materna poderá ter sobre a abertura para com as línguas estrangeiras (entre elas, o francês). Não há dúvida que se espera de uma nova orientação didática um benefício pedagógico, isto é, uma remotivação dos alunos em situação de fracasso escolar. O professor de PLM ou de FLE comprometido com a prática da *bivalência* buscará essa motivação através da escolha dos suportes de trabalho, de atividades mais ativas em classe – o que não exclui absolutamente a reflexividade –, de uma prática oral da língua que implicará especialmente a interrogação sobre o uso da língua materna na aula de língua estrangeira.

Aprofundamentos didáticos

Ao serem analisadas as produções pedagógicas, diferentes problemas foram levantados:

- Tempo reservado a um trabalho utilizando o mesmo suporte. Por exemplo, 40 horas em PLM ou 20 horas em FLE, na utilização de textos de imprensa, não é demasiado? Isso é, certamente, uma questão de motivação dos alunos. Entretanto, o alongamento do tempo e a repetição podem gerar um certo cansaço. Qualquer trabalho usando-se um determinado suporte não deve ser integrado a uma progressão anual e dentro da lógica de um projeto pedagógico (por exemplo, produzir um jornal com artigos em português e em francês)?

- Distanciamento entre o trabalho em PLM e em FLE. Por um lado, as aquisições em PLM devem ser proveitosas para o trabalho em FLE e deve-se prever um momento de comparação entre as duas áreas. Por outro lado, uma inovação em FLE pode ser passada para PLM (estudar as condições de transferência). De qualquer maneira, convém ficar atento aos níveis diferentes de exigência.
- Diversificação e homogeneização dos objetivos nas duas línguas. Esses objetivos não devem ser de nível heterogêneo (por exemplo, na mesma lista, descrever um personagem e compreender o funcionamento de um texto).
- Reflexão sobre as "entradas" na progressão: entrada através dos suportes, da situação dos textos e documentos (sua função no contexto cultural), das estratégias de linguagem. Convém se interrogar muito particularmente sobre o uso de documentos autênticos na progressão. Nem todos os recursos desses documentos devem necessariamente ser explorados; isso depende dos objetivos fixados.
- Necessidade de elaborar uma progressão conjunta em PLM e FLE a médio ou longo prazo (o ano), encontrando objetivos comuns.
- Necessidade de uma explicitação a respeito do desenvolvimento das atividades na classe, fazendo a ligação entre o como e o por quê. Essas atividades devem ser contextualizadas. A explicação dos procedimentos deve estar também ligada a uma explicitação das noções utilizadas (por exemplo, clareza sobre o tipo de textos/gêneros de discurso, etc.).

Entre as perspectivas:

- Trabalhar com as representações que os alunos têm da língua. Sensibilização dos alunos com relação à pluralidade das normas em português e em francês. O que fazer com a "língua dos alunos"?
- Trabalhar com as concepções de leitura em língua materna e em língua estrangeira (leitura linear, para levantamento de informações, centralizada no código, na compreensão, etc.).
- Trabalhar com gravações de seqüências em vídeo para ver o que é feito de fato na aula (em relação ao "saber ensinar") e para analisar as interações verbais.
- Trabalhar com a dimensão cultural (intercultural) de determinados tipos de textos (por exemplo, o *"fait divers"*).

BIBLIOGRAFIA GERAL

ABDALLAH-PRETCEILLE, M.; PORCHER, L. *Éducation et communication interculturelle.* Paris: PUF, 1996.

ABDALLAH-PRETCEILLE, M.; PORCHER, L., dir. Éthique, communication et éducation, *Le Français dans le Monde, Recherches et Applications*, nº spécial. Paris: Hachette-Édicef, 1999.

ANDRADE, A. I. "Le recours à la LM en classe de FLEe: la traduction explicative". Comunicação apresentada no VIII Congresso Mundial dos Professores de Francês, Lausanne, 1992.

ARAUJO CARREIRA, M. -H. "Stratégies pour le développement de compétences translinguistiques (portugais et autres langues romanes)". In: BILLIEZ, J., éd., 1998, p. 389-392.

AVOLIO, J. "Table ronde: publics spécifiques et communication spécialisée", *Le Français dans le Monde, Recherches et Applications,* nº spécial. Paris: Hachette-Édicef, 1990, p. 170-175.

BAKHTIN, M. *Marxismo e filosofia da linguagem.* São Paulo: Hucitec, 3ªed., 1986.

BCLE, BUREAU DE COOPÉRATION LINGUISTIQUE ET ÉDUCATIVE. *Um projeto de cooperação educativa: ensino da língua francesa como laboratório de reformas pedagógicas.* Brasília: Embaixada da França (dif. fotoc.), 1992.

BEACCO, J. - C., dir. "Enseigner la langue, enseigner les langues", *Le Français dans le Monde,* 177. Paris: Hachette-Larousse, 1983.

BEACCO, J. - C. "Un rendez-vous manqué?". In: "Et la grammaire?", *Le Français dans le Monde, Recherches et Applications*, nº spécial, Paris: Hachette-Édicef, 1989, p. 138-146..

BEACCO, J. -C. "Culture grammaticale et demande métalinguistique", *Études de Linguistique Appliquée*, 92, Paris: Didier Érudition, 1993, p. 51-64.

BENVENISTE, É. *Problèmes de linguistique générale*, 1. Paris: Gallimard, 1966.

BENVENISTE, É. "La communication". In: *Problèmes de linguistique générale*, 2. Paris: Gallimard, 1974a, p. 41-88.

BENVENISTE, É. "La forme et le sens dans le langage". In: *Problèmes de linguistique générale*, 2. Paris: Gallimard, 1974b, p. 215-238.

BÉRARD, E.; LAVENNE, C. *Grammaire utile du français*. Paris: Hatier-Didier, 1991.

BESSE, H. *Enseigner la "culture grammaticale" du français langue étrangère*. (inédito), 1997.

BESSE, H.; PORQUIER, R. *Grammaires et didactiques des langues*. ÉNS Fontenay/Saint-Cloud: Crédif, Paris: diff. Didier-Hatier. Coll. LAL, 1984.

BESSON, M. -J.; CANELAS-TRÉVISI, S. "Activité langagière, activité métalangagière en classe de 6ème primaire", *Repères*, 9. Paris: INRP, 1994.

BILLIEZ, J., éd. *De la didactique des langues à la didactique du plurilinguisme*. Hommage à Louise Dabène. Grenoble 3: CDL-LIDILEM, 1998.

BILLIEZ, J.; SIMON, D. -L., éds. "Alternance des langues: enjeux socio-culturels et identitaires", *Lidil*, 18. Grenoble: Université Stendhal-Grenoble 3, 1998.

BLANCHE-BENVENISTE, C.; VALLI, A., éds. "L'intercompréhension: le cas des langues romanes", *Le Français dans le Monde, Recherches et Applications*, nº spécial. Paris: Hachette-Édicef, 1997.

BORG, S. "Pour une lecture polycentrique de la notion de progression", *Notions en questions*, 3. ÉNS Fontenay/Saint-Cloud: EA 2534/ Université Paris 3, diff.ÉNS Éditions, 1999.

BOUCHARD, P. "Texte, discours, document – une transposition didactique de la grammaire de texte". In: "Et la grammaire?", *Le*

Français dans le Monde, Recherches et Applications, nº spécial, Paris: Hachette-Édicef, 1989, p. 160-169.

BOUCHARD, R. "Diversification des pratiques discursives et homogénéisation des représentations". In: SCHNEUWLY, B., dir., *Diversifier l'enseignement du français écrit.* Neuchâtel-Paris: Delachaux et Niestlé, 1990, p. 227-235.

BOUCHARD, R. "Repères pour un classement sémiologique des évènements communicatifs", *Études de Linguistique Appliquée*, 83, 29-61. Paris: Didier Érudition, 1991.

BOUCHARD, P. & ALII. *La grammaire est un jeu d'enfant.* Paris: Calmann-Lévy, 1997.

BOUCHARD, R.; MEYER, J. -C., éds. *Les Métalangages de la classe de français.* Actes du 6ème Colloque de la DFLM, Université de Lyon 2, setembro 1995. Paris: DFLM, 1996.

BOUIX-LEEMAN. *La grammaire ou la galère?* Paris: Bertrand-Lacoste, 1993.

BOURGUIGNON, C. "Passlangues: pour une pédagogie intégrée de la grammaire en langue maternelle et en langue étrangère", *Lidil*, 9. Grenoble: Université Stendhal-Grenoble 3, 1993, p. 97-113.

BOURGUIGNON, C.; DABÈNE, L. "Le métalangage: un point de rencontre obligé entre enseignants de langue maternelle et de langue étrangère". In: "Enseigner la langue, enseigner les langues", *Le Fançais dans le Monde*, nº spécial, 177. Paris: Hachette/Larousse, 1983, p. 45-48.

BOYZON-FRADET, D.; CHISS, J. -L., éds. *Enseigner le français en classes hétérogènes. École et immigration.* Paris: Nathan, 1997.

BRASIL. Secretaria Municipal de Educação. *Multieducação. Núcleo curricular Básico.* Rio de Janeiro: Secretaria Municipal de Educação, 1996.

BRASIL. Secretaria de Educação Fundamental. *Parâmetros Curriculares Nacionais: terceiro e quarto ciclos do ensino fundamental. Língua estrangeira.* Brasília: Secretaria de Educação Fundamental/ MEC/SEF, 1998.

BRONCKART, J. -P. *Activité langagière, textes et discours. Pour un interactionisme socio-discursif.* Neuchâtel-Paris: Delachaux et Niestlé, 1996.

BROSSARD, M. "Quelques réflexions sur activités métalinguistiques et situations scolaires", *Repères*, 9. Paris: INRP, 1994.

BRUNER, J. *Le développement de l'enfant: savoir faire, savoir dire.* Paris: PUF, 1983.

CAIN, A.; BRIANE, C. & ALII. *Culture, civilisation, propositions pour un enseignement en classe d'anglais,* volume collège, volume lycée. Paris: Ophrys/INRP, 1996.

CALLAMAND, M. *Grammaire vivante du français.* Paris: Larousse, 1987.

CAPPEAU, P.; SAVELLI, M. "Quelle grammaire pour le texte?", *Repères,* 14. Paris: INRP, 1996, p. 201-212.

CARÉ, J. -M.; DEBYSER, F. *Jeu, langage et créativité.* Paris: Hachette-Larousse, 1978.

CARRASCO PEREA, C. "Sous le catalan, les langues romanes: étude des discours des enseignants de catalan Le". In: BILLIEZ, J., éd., 1998, p. 399-404.

CASTELLOTTI, V. "Langue étrangère et français en milieu scolaire: didactiser l'alternance?", *Études de Linguistique Appliquée,* 108. Paris: Didier Érudition, 1997a, p. 401-410.

CASTELLOTTI, V. "Langues étrangères – langue maternelle, mariage d'amour ou de raison?", *Cahiers de l'Asdifle,* 8, 1997b, p. 158-166.

CASTELLOTTI, V.; MOORE, D., éds. "Alternance des langues et apprentissages", *Études de Linguistique Appliquée,* 108. Paris: Didier Érudition, 1997a.

CASTELLOTTI, V.; MOORE, D. "Alterner pour apprendre, alterner pour enseigner. De nouveaux enjeux pour la classe de langue", *Études de Linguistique Appliquée,* 108. Paris: Didier Érudition, 1997b, p. 389-392.

CASTELLOTTI, V.; MOORE, D., éds. "Alternances des langues et construction des savoirs", *Cahiers du Français Contemporain,* 5. Fontenay/Saint-Cloud: Éns éditions, Plurilinguisme et Apprentissages, 1999a.

CASTELLOTTI, V.; MOORE, D. "Schémas en coupe du plurilinguisme", *Bulletin de la VALS/ASLA,* 70. Université de Neuchâtel, 1999b.

CASTELLOTTI, V.; MOORE, D. "Éveil aux langues, représentations, accès au sens, comment le plurilinguisme vient aux enfants". In:

CASTELLOTTI, V., éd., *D'une langue à d'autres, pratiques et représentations.* Rouen: Presses Universitaires. Coll. Dyalang, 2000.

CEREJA, W. R.; MAGALHÃES, T. C. *Português: linguagens, 5ª série – Manual do Professor.* São Paulo: Atual, 1998.

CHARAUDEAU, P. *Grammaire du sens et de l'expression.* Paris: Hachette, 1992.

CHAVES DA CUNHA, J. C. "Bivalence ou enseignement/apprentissage intégré du portugais langue maternelle (PLM) et du français langue étrangère (FLE)", *Dialogues et Cultures,* 40. Bruxelles: FIPF, 1996.

CHAVES DA CUNHA, J. C. "Statut de la métalangue et enseignement/ apprentissage intégré des langues I et II dans le système scolaire", *Linx,* 36. Nanterre: Université Paris 10, Groupe de Recherches Jan Coménius, 1997a.

CHAVES DA CUNHA, J. C. (1997b) "La métalangue grammaticale en portugais et en français", *Revue Moara,* 8. Belém: éd. Universitária/UFPA.

CHAVES DA CUNHA, J. C.; DAHLET, P. *Pour une formation intégrée en langues (FIL).* Synthèse d'atelier. Simpósio de Belo Horizonte. (fotocópia), 1992.

CHISS, J.-L.; FILLIOLET, J. "Interaction pédagogique et didactique des langues (de la classe de FLE à la classe de FLM)", *Langue Française,* 70. Paris: Larousse, 1986, p. 87-97.

CHISS, J.-L.; DAVID, J.; REUTER, Y., éds. *Didactique du français. État d'une discipline.* Paris: Nathan, 1995.

CHISS, J.-L.; FILLIOLET, J.; MAINGUENEAU, D. *Linguistique française – communication, syntaxe, poétique.* Paris: Hachette-Université, 1992.

CORACINI, M. J. R. *A subjetividade no discurso científico – Analise do discurso científico primário em português e em francês.* Tese de doutorado. Universidade Católica de São Paulo (PUC), 1987.

CORACINI, M. J. R. "Cursus universitaire de formation au français spécialisé. Brésil: des expériences non conventionnelles", *Le Français dans le Monde, Recherches et Applications,* nº spécial. Paris: Hachette-Édicef, 1990, p. 151-157.

CORACINI, M. J. R., ed. *O jogo discursivo na aula de leitura.* Campinas: Pontes, 1995.

CORACINI, M. J. R. "Língua estrangeira e língua materna: uma questão de subjetividade", *Letras & Letras*, 14, 1997, p. 153-169.

COSTE, D. "La notion de progression en didactique de langues", *Études de Linguistique Appliquée*, 16. Paris: Didier Érudition, 1974.

COSTE, D. et al. *Un niveau-seuil*. Paris: Hatier, 1976.

COSTE, D. "Métalangues, activités métalinguistiques et enseignement-apprentissage d'une langue étrangère", *DRLAV*, 32. Paris: Universidade Paris, 8, 1985a.

COSTE, D. "Sur quelques aspects des relations récentes entre grammaire et didactique du français langue étrangère", *Langue Française*, 68. Paris: Larousse, 1985b, p. 5-15.

COSTE, D. "Diversification linguistique, compétence plurilingue et didactique des langues", *La Lettre de la DFLM*, 13. Paris: DFLM, 1993, p. 5-6.

COSTE, D. "Conceptualisation et alternance des langues: à propos du Val d'Aoste", *Études de Linguistique Appliquée*, 96. Paris: Didier Érudition, 1994, p. 105-120.

COSTE, D. "Alternance Didactique", *Études de Linguistique Appliquée*, 108. Paris: Didier Érudition, 1997, p. 393-400.

COSTE, D.; GALISSON, R. *Dictionnaire de didactique des langues*. Paris: Hachette, 1976.

COSTE, D.; PASQUIER, A. "Principes et méthodologie". In: *Langues et Savoirs, Due lingue per sapere*. Matériaux pour un apprentissage bilingue à L'école primaire de la Vallée d'Aoste. Supplément à *l'École valdôtaine*, 14, 1992, p. 13-26.

COSTE, D.; MOORE, D.; ZARATE, G. *Compétence plurilingue et pluriculturelle. Langues vivantes*. Vers un cadre européen commun de référence pour l'enseignement et l'apprentissage des langues vivantes. Étude préparatoire. Strasbourg: Éd. du Conseil de l'Europe, 1997.

COURTILLON, J. "Que devient la notion de progression?" *Le Français dans le Monde*, 153. Paris: Hachette-Larousse, 1976, p. 89-97.

COURTILLON, J. "La grammaire sémantique dans l'approche communicative". In: "Et la grammaire?", *Le Français dans le Monde, Recherches et Applications*, nº spécial. Paris: Hachette-Édicef, 1989, p. 113-122.

COURTILLON, J. "L'innovation en FLE: changements ou progrès?", *Cahiers Pédagogiques*, 360. Paris: CRAP-Cahiers Pédagogiques, 1998, p. 27-29.

CUQ, J. - P. *Le français langue seconde*. Paris: Hachette, 1991.

CUQ, J. - P. *Une introduction à la didactique de la grammaire en français langue étrangère*. Paris: Didier-Hatier, 1996.

DABÈNE, L. "Pour une problématique de l'enseignement des langues voisines", *Langages*, 39. Paris: Larousse, 1975, p. 51-65.

DABÈNE, L. "Le développement de la conscience métalinguistique: un objectif commun pour l'enseignement de la langue maternelle et des langues étrangères", *Repères*, 6. Paris: INRP, 1992, p. 13-22.

DABÈNE, L. "Rôle de la le dans l'activité de compréhension écrite en le voisine", *La Lettre de la DFLM*, 13. Paris: DFLM, 1993, p. 19-23.

DABÈNE, L. *Repères socio-linguistiques pour l'enseignement des langues*. Paris: Hachette, 1994.

DABÈNE, L. "Apprendre à comprendre une langue voisine, quelles conceptions curriculaires", *Études de Linguistique Appliquée*, 98. Paris: Didier Érudition, 1995, p. 103-112.

DABÈNE, L. "Pour une contrastivité revisitée", *Études de Linguistique Appliquée*, 104. Paris: Didier Érudition, 1996, p. 393-400.

DAHLET, P. "Leitura e construção do sentido: a perspectiva enunciativa". In: *A formação do leitor: o papel das instituições de formação do professor para a educação fundamental*. Brasília/São Paulo: ed. Ministério da Educação e do Desporto, Caderno Educação Básica, 1994a, p. 104-131.

DAHLET, P. "Appropriation des discours et didactique des écrits", *Moara*, 11. Belém, Brésil: Universidade Federal do Pará, 2000.

DEGACHE, C. "La réflexion "méta" de lecteurs francophones confrontés à l'asynchronie narrative d'un fait divers en espagnol", *Études de Linguistique Appliquée*, 104. Paris: Didier Érudition, 1996, p. 479-490.

DEGACHE, C.; MASPERI, M. "La communication plurilingue en toile de fond de l'entraînement à la compréhension des langues romanes". In: BILLIEZ, J., éd., 1998, p. 361-375.

DELAMOTTE-LEGRAND, R. "Métacommuniquer pour reécrire", *Repères*, 9. Paris: INRP, 1994.

DEPREZ, C., éd."Alternance des langues et apprentissage en contextes plurilingues", *Plurilinguismes*, 14. Paris: CERPL, 1998.

DE PIETRO, J. - F. "Au-delà des langues maternelles et étrangères: le langage", *La Lettre de la DFLM*, 13. Paris: DFLM, 1993, p. 11-15.

DE VRIENDT, M.-J.; DE VRIENDT, S. "Pour une conception réaliste de la progression en didactique de langues: la notion de progression en didactique de langues", *Études de Linguistique Appliquée*, 16. Paris: Didier Érudition, 1974.

DOLZ, J.; MEYER, J.-C., éds, *Activités métalangagières et enseignement du français*. Actes des journées d'étude en didactique du français, Cartigny 28 février-1er mars 1997. Berne: Peter Lang. Coll. Exploration, 1998.

DUCROT, O.; SCHAEFFER, J. -M. [1972]. *Dictionnaire encylopédique des sciences du langage*. Paris: Seuil, 1995.

FLORIS, P. "L'alphabétisation bilingue au Val d'Aoste. Étude de divers aspects des "représentations" de la langue française élaborées par les petits valdôtains". Supplément à *l'École valdôtaine*, 23, 1994.

FOERSTER, C. "Du côté des représentations et attitudes de l'apprenant: le dessous de la grammaire en langue maternelle et étrangère". In: "La grammaire à quoi ça sert?", *Lidil*, 9, 11-33. Grenoble: Universidade Stendhal-Grenoble 3, 1993.

FREIRE, P. *Educação como prática de liberdade*. Rio de Janeiro: Paz e Terra, 1967.

FREIRE, P. *Pedagogia do oprimido*. Rio de Janeiro: Paz e Terra, 1968.

GADET, F. "Alberto, Julie, Peggy et quelques autres devant une langue étrangère: ce que la grammaire peut leur apporter", *Études de Linguistique Appliquée*, 74. Paris: Didier Érudition, 1989.

GAGNÉ, G. et alii. *Recherches en didactique et acquisition du français langue maternelle*, tome 1. Bruxelles/Paris: De Boeck-Université/Éd. Universitaires, 1989.

GALISSON, R. "Le "français langue étrangère" montera-t-il dans le train en marche de la "didactique scolaire"?", *Études de Linguistique Appliquée*, 111. Paris: Didier Érudition, 1998.

GUIDI, G. *L'enseignement/apprentissage des langues romanes en contact: la bivalence*. (inédito), 1996.

HAWKINS, E. "Awareness of language: réflexion sur les langues", *Les Langues Modernes*, 6. Paris: APLV, 1985, p. 9-23.

HAWKINS, E. *Awareness of language: an introduction*. Cambridge: Cambridge University Press, 1987.

KELLERMAN, E. "La difficulté, une notion difficile", *Encrages*. Saint-Denis: Universidade Paris 8, 1979, p. 16-21.

KERBRAT-ORECCHIONI, C. *Les interactions verbales*. 3: *Variations culturelles et échanges rituels*. Paris: A. Colin, 1998.

KLEIN, W. *L'acquisition de langue étrangère*. Paris: A. Colin. Col. Linguistique, 1989.

LUSSIER, D. "Domaine de référence pour l'évaluation de la compétence culturelle en langues", *Études de Linguistique Appliquée*, 106. Paris: Didier Érudition, 1997, p. 232-245.

MAINGUENEAU, D. *L'énonciation en linguistique française*. Paris: Hachette, 1994.

MALTA LIMA, J. M. et al. *Programa para o ensino fundamental: Francês*, vol. VI. Minas Gerais: Secretaria de Estado da Educação, 1995.

MEUNIER, J.-P.;. PERAYA, D. *Introduction aux théories de la communication. Analyse sémiopragmatique de la communication médiatique*. Bruxelles: De Boek, 1993.

Ministério Da Educação. "The Development Of Education". Relatório Apresentado à conferência internacional sobre a educação, 43ª Sessão, Genebra, setembro, 1992.

MOIRAND, S. *Enseigner à communiquer en langue étrangère*. Paris: Hachette, 1982.

MOIRAND, S. *Une grammaire des textes et des dialogues*. Paris: Hachette, 1990.

MOITA LOPES, L. P. *Oficina de Lingüística Aplicada*. Campinas: Mercado das Letras, 1996.

MONNERIE, A. *Le français au présent – grammaire*. Paris: Didier-Hatier, 1987.

MOORE, D., éd. "L'éveil au langage", *Notions en Questions*, Rencontres en didactique des langues, 1. ÉNS Fontenay/Saint-Cloud: Crédif-Lidilem, diff. ÉNS éditions, 1995a.

MOORE, D. "Éduquer au langage pour mieux apprendre la langue", *Babylonia*, 2, 1995b, p. 26-35.

MOORE, D. "Bouées transcodiques en situation immersive ou comment interagir avec deux langues quand on apprend une langue étrangère à l'école", *AILE* (Acquisition et Interaction en Langue etrangère), 7. Saint-Denis: Universidade Paris 8, 1996, p. 95-122.

MOORE, D. "C'est tout du chinois on a l'impression Quentin. Approches de la distance et mises en proximité chez des enfants éveillés aux langues", in Billiez, J., éd., 1998, p. 309-322.

MOORE, D.; PY, B. "Parole empruntée, parole appuyée ou la place des emprunts dans l'apprentissage d'une langue seconde, *Plurilinguismes*, 9-10. Paris: CERPL, 1995, p. 133-146.

NAGY, C. "Pour un enseignement de la grammaire fondé sur la compétence de l'apprenant", *Lidil*, 9. Grenoble: Universidade Stendhal-Grenoble 3, 1993, p. 59-68.

NICOLA, J.; INFANTE, U. *Gramática Contemporânea da Língua Portuguesa*. São Paulo: ed. Scipione/SP, 1993.

O'NEIL, C. *Les enfants et l'enseignement des langues étrangères*. ÉNS Fontenay/Saint-Cloud: Crédif, Paris: diff. Hatier-Didier. Coll. Essais, 1993.

ODLIN, T. *Language transfer. Cross-linguistic influence in language learning*. Cambridge: Cambridge University Press, 1989.

PEKAREK, S. "Stratégies de communication bilingues en classe de L2? Enjeux acquisitionnels et enjeux communicatifs", in Eurosla-CNRS-British Institute-Paris 8, "La personne bilingue", *AILE*, nº spécial, 1999, p. 127-141.

PELLAT, J.-C. "La transposition didactique de la grammaire dans l'enseignement du français langue étrangère et langue maternelle". In: *L'écrit en français langue étrangère*. Strasbourg: Presses Universitaires, 1994, p. 149-161.

POCHARD, J.- C., dir., "Profils d'apprenants". Actes du IXème Colloque international sur *L'acqusition des langues*. Saint-Etienne: Presses Universitaires, 1995.

PORCHER, L. "Qui progresse vers quoi? La notion de progression en didactique de langues", *Études de Linguistique Appliquée*, 16. Paris: Didier Érudition, 1974.

PORQUIER, R. "Trajectoires d'apprentissage(s) de langues: diversité et multiplicité des parcours", *Études de Linguistique Appliquée*, 98. Paris: Didier Érudition, 1995, p. 92-102.

POSSENTI, S. *Por que (não) ensinar gramática na escola.* Campinas, ALB: Mercado de Letras,1996.

PY, B. "Bilinguisme, exolinguisme et acquisition: rôle de L1 dans l'acquisition de L2", *Tranel*, 17, 1991, p. 147-161.

PY, B. "Regards croisés sur les discours du bilingue et de l'apprenant ou retour sur le rôle de la langue maternelle dans l'acquisition d'une langue seconde", *Lidil*, 6, 1992, p. 9-25.

RENOU, G. "La coopération par projets ou les affres du changement", *Géopolitique Africaine*, 1988, p. 63-84.

RICHE, R.; SOUZA, D. *Oficina de textos*, 4 vol. São Paulo: ed. Saraiva, 3e ed., 1996.

RIEGEL, M. ET ALII. *Grammaire méthodique du français.* Paris: PUF, 1994.

ROULET, E. *Langue maternelle et langues secondes, vers une pédagogie intégrée.* ÉNS Fontenay/Saint-Cloud: Crédif, Paris: diff. Didier-Hatier. Coll. LAL, 1980.

ROULET, E. "Peut-on intégrer l'enseignement-apprentissage décalé de plusieurs langues?", *Études de Linguistique Appliquée*, 98. Paris: Didier Érudition, 1995, p. 113-118.

SAPIN-LIGNÈRES, B. *Multi-groupes, un projet de coopération.* Synthèse d'atelier. Simpósio de Belo Horizonte. (fotoc.), 1992.

SARGENTIM, H. *Redação, Curso Básico*, 4 vol. São Paulo: IBEP, 1996.

SCHIFFLER, L. *Pour un enseignement interactif des langues.* ÉNS Fontenay/ Saint-Cloud: Crédif, Paris: diff. Didier-Hatier. Coll. lal, 1984.

SOUZA E SILVA, M. C. P. Interação: negociação do sentido", *Intercâmbio*, 4. São Paulo: LAEL/PUC, 15, 1994.

TAGLIANTE, C. *La classe de français.* Paris: Clé International, 1994.

THYRION, F. "Les aspects métapragmatiques de l'apprentissage du texte argumenté". In: BOUCHARD, R. & MEYER, J.-C., éds., 1996.

TRÉVISE, A. "Acquisition/Apprentissage/Enseignement d'une langue 2: modes d'observation, modes d'intervention", *Études de Linguistique Appliquée*, 92. Paris: Didier Érudition, 1993.

VAN LIER, L. "The use of L1 in L2 classes", *Babylonia*, 2. Fondazione Lingue e Culture, Comano, 1995, p. 37-43.

VÉRONIQUE, D. "À la rencontre de l'autre langue: réflexions sur les représentations dans l'apprentissage d'une langue étrangère", In: KAHN, G., éd., "Publics spécifiques et communication spécialisée", *Le Français dans le Monde, Recherches et Applications*, nº spécial. Paris: Hachette-Édicef, 1990.

VYGOTSKY, L. S. *Pensamento e Linguagem.* São Paulo: Martins Fontes, 3ᵉed., 1991.

WILKINS, D. A. "Facteurs sémantiques, situationnels et linguistiques dans une approche conceptuelle de l'établissement d'un programme? La notion de progression en didactique de langues", *Études de Linguistique Appliquée*, 16. Paris: Didier Érudition, 1974.

Qualquer livro do nosso catálogo não encontrado nas livrarias pode ser pedido por carta, fax, telefone ou pela Internet.

Rua Aimorés, 981, 8° andar – Funcionários
Belo Horizonte-MG – CEP 30140-071

Tel: (31) 3222 6819
Fax: (31) 3224 6087
Televendas (gratuito): 0800 2831322

vendas@autenticaeditora.com.br
www.autenticaeditora.com.br

Este livro foi composto com tipografia Gatineau, e impresso em papel Off Set 75 g. na Sermograf Artes Gráficas.
Belo Horizonte, janeiro de 2008.